| 光明社科文库 |

徽州儒商

桑良至◎著

光明日报出版社

图书在版编目（CIP）数据

徽州儒商 / 桑良至著 . -- 北京：光明日报出版社，2022.6

ISBN 978-7-5194-6647-3

Ⅰ.①徽… Ⅱ.①桑… Ⅲ.①商人—人物研究—徽州 Ⅳ.①K825.38

中国版本图书馆 CIP 数据核字（2022）第 096219 号

徽州儒商
HUIZHOU RUSHANG

著　　者：桑良至	
责任编辑：刘兴华	责任校对：阮书平
封面设计：中联华文	责任印制：曹　铮

出版发行：光明日报出版社
地　　址：北京市西城区永安路 106 号，100050
电　　话：010-63169890（咨询），010-63131930（邮购）
传　　真：010-63131930
网　　址：http://book.gmw.cn
E - mail：gmrbcbs@gmw.cn
法律顾问：北京市兰台律师事务所龚柳方律师

印　　刷：三河市华东印刷有限公司
装　　订：三河市华东印刷有限公司

本书如有破损、缺页、装订错误，请与本社联系调换，电话：010-63131930

开　　本：170mm×240mm
字　　数：192 千字　　　　　　　印　　张：15.5
版　　次：2023 年 1 月第 1 版　　印　　次：2023 年 1 月第 1 次印刷
书　　号：ISBN 978-7-5194-6647-3
定　　价：95.00 元

版权所有　　翻印必究

前　言

徽州文化是安徽文科研究的重点课题，徽商是徽州文化研究的重点，儒商是徽商的特色。本书讲述了几个徽州儒雅商人推动文化、教育、艺术发展的故事。

明清小说中的商人是好人的不多。《红楼梦》中贵族女子薛宝钗是金陵十二钗之首，她美貌、贤惠、能诗会画，而她的哥哥商人薛蟠粗俗低卑，十二钗皆给人以雅兴，商人薛蟠则给人荒冷败兴的感觉。

《警世通言》第32卷"杜十娘怒沉百宝箱"，描写了徽州商人孙富，他家几代人在扬州经营盐业，积聚了上百万两银子。孙富是富家子弟，生性风流，喜欢追逐红裙，千金买笑。他船泊瓜州，见书生李甲带着美妓杜十娘，于是设计从李甲手中买得杜十娘。杜十娘知悉此事后大怒，她把随身带的价值百万的珠宝投入江中，随后跃入江中。这个故事令人惊叹杜十娘的美貌，痛恨爱情商业化的可耻，也指责了儒生的懦弱，揭露了商人以钱夺人的卑鄙。

《儒林外史》第28回中，写了一个扬州盐商，他有几十万两银子。他在徽州老家请了一个人服务了半年，竟然一毛不拔，就打发人家走了，吝啬至极。

《初刻拍案惊奇》卷15"卫朝奉狠心盘贵产，陈秀才巧计赚原房"

一文,写了徽州商人卫朝奉,他廉价购房,高价卖房,牟取暴利。

《二刻拍案惊奇》卷15"韩侍郎婢作夫人,顾提控橼居郎署"一文,说徽州人有个癖性,一生只爱乌纱帽、红绣鞋,只有这两件事他们舍得花费银子,其余诸事吝啬。

《二刻拍案惊奇》卷15"韩侍郎婢作夫人,顾提控橼居郎署"一文,描写湖州安吉一居民,男子因欠官府粮银2两,被官府收押;他的妇人卖猪还款救夫,受骗得假银。妇人万般无奈,抱着儿子投水,被徽商救起。问明原因后,徽商送她2两银子,使陷入危难的一家人得以安生。为了感恩,丈夫要求妻子连夜去致谢。黑夜徽商见一女子入室,厉声说:"我一个人在屋里,黑夜里你一个妇女怎么可以来致谢,快回去,不用谢!"妇女告诉他,丈夫在门外等着呢。这个故事说明徽商诚心救人,为人豪爽,光明磊落,没有半点私心,道德善良。在徽州、扬州、杭州、苏州地方志里,记载了许多徽商的善行美德。

在封建社会,商业是一个卑贱的行业,那时社会只有4个官方认可的行业:士农工商。"士"列第一,"农"列第二,"工"列第三,"商"列末。人们瞧不起商人,认为商人没本事做官,不愿吃苦耐劳务农、做工,在外面叫卖,南北流窜,鹭鸶腿上劈肉,蚊子身上吸血。人们还认为徽商一伙由债精(债主)、牛精(吹牛放炮)、屁精(拍马屁)、谎精(骗人)、妖精(美女)组成,不可信任。

业精于勤,荒于嬉。一个行业要做大、做强、做久,具有生命力,必须诚信而为,主一、存诚、正心、养性,居敬穷理。徽州是东南阙里,儒家伦理深入人心。徽州人外出经商,是生活所迫。徽州山多地少,人口繁衍,不得不少小离家,谋生糊口。他们经商不忘本土,经商不忘儒教,经商不忘家训、家教、家规,经商也要光宗耀祖。

徽商致富以后,捐款修建宗族的祠堂,他们置义田,济贫扶困,建书院、学堂，修桥亭，建园林。他们为社会赈灾、修河道、建渡口、办学校、发医药、建庙宇道观、建亭台楼榭。

明清之际，商品经济发展很快，形成了地方性的商帮，如晋商、徽商、江右商帮、广东商帮、陕西商帮、洞庭商帮、宁波商帮、山东商帮、福建商帮等。徽商成为实力强大的商帮，商业活动深入全国各地。有句话称作"无徽不成镇"。徽州人从山里走出来了，在杭州、苏州、扬州、汉口扎根，以扬州的盐业为龙头，开展典当、木材、茶叶、钱庄、餐饮、文具等多种经营，徽州的商品经济走在了全国的前头。

商人疏通积余补足需求的缺失，促进了物质的流通。商品经济促进了商品的交流，促进了消费的多样性与选择性，也促进了资金的积累，使得人们可以谋求新发展。徽州商人以金银等货币为积累的对象，以货币作为人间利益的调整工具，以资本作为发展的动力，演绎出徽州文化。徽派建筑、扬州园林、扬州学派、徽州的科举教育、性理学、礼教、朴学、珠算、经学、医学、戏剧、绘画、刻书、制墨、罗盘、歙砚、刻字、烹调等，都是在徽商强大的经济实力支撑下长足发展的。

徽州下辖歙县、黟县、休宁县、婺源县、绩溪县、祁门县6县，从宋朝宣和三年（1121）到民国元年（1912），在近800年的历史长河中，各地移民与当地土著人在冲突、磨炼中融合，凝聚成具有共性的文化——徽州文化。分析徽州文化，提取其精神内核，可以归纳为八个字：守本、顺时、开拓、创新。

徽州文化丰富多彩，徽州文化的价值观念体现了个人、群体、时代、地域的特征。其文化价值链的方方面面我们可以总结如下：

1. 宗教哲学思想价值观。徽州的信仰，以儒教为主，释、道为辅。学校传授四书五经，宗祠以经书教义为管理指导思想，要求人们忠孝节义。徽州家规规定：崇拜信仰佛教与道教的族民不得入家谱，不得入祖坟山，即开除族籍。但是不排除吸纳道家的清静无为与佛家的慈悲不争思想，佛、道、社神、地方神对民众有很大影响力。"上帝"在四书五经里出现频率很高，人们没有祭祀上帝的权力，只有祭祀孔子、孟子、朱熹，以及祭祀自己祖先的权利。徽州人敬天承祖、勤奋有为。徽州人奉行孔孟的学说，也深受其他哲学思想的影响，如天人感应、阴阳五行、因果报应、经世致用等。

2. 道德价值观。徽州的道德观念，在家规中写得十分明确，主要是儒家的仁、义、礼、智、信。家规中明确制定了家庭成员的角色规范。要求人们恪守"三纲五常、君君臣臣、父父子子、父慈子孝、夫唱妇随"的人伦准则。诸德融合，表现为忠孝节义，诚信、勤劳、朴实。他们以礼仪作为行为的规范，判断道德的尺度，维护社会秩序的根本。家教从人性出发，指导如何做人，处理人际关系、国与家的关系、人与自然的关系，追求和谐。

3. 教育价值观。重礼尊教，尊师重教，以耕读为本。"万般皆下品，唯有读书高。"尊崇书香门第，建设书香社会。功名牌坊标示成功的价值，即万世流芳。学校教育与家庭教育并重。家教重在家规风俗，学校教育重在文化知识，夺取功名。徽州教育看重师承与门风。婺源商人洪庭梅悔恨弃儒服商不能显亲扬名，为经营商业而感到惭愧。歙县丰南商人吴存节觉得商贾为君子所耻，贪钱为先圣所戒，立志脱贾入儒。

休宁西门盐商汪太学有子五人，延名师督学，要求孩子读书不能有一日松懈。严督经书古文诗词。其长子洪仁成为博士，三子洪勋攻明经，充选太学；歙县溪南江氏，重资大贾，先世官宦家庭，执意追求功名。他的一个儿子江瓘中了秀才，另一个儿子江珍中了进士。

4. 职业价值观。古代徽州人的正当行业是士农工商，出仕做官第一，务农为本，做工经商为下策。徽州知识分子积极探讨天文、地理、数学、医学、农学，卓有贡献。徽州人一般是世袭祖业，业有专攻，技能精进，行规严明，敬业好学。业务上既竞争又协作，既强调个人技能的独创性，又强调行业运行的团体性。牌坊是各种社会角色价值与家庭角色价值的最高形式的体现。

徽人许大兴说："耕田、经商都是一种职业，为什么经商不如耕田，古人不是瞧不起商人，而是嘲笑商人以不正当的手段赚钱。"晚明徽州人士汪道昆说："先王重本抑末，农业税征得少，商业税征得多。"笔者认为应该将农业与商业一视同仁，农业、商业各得其所，商业不比农业低贱。

5. 家族价值观。每一个家族有自己的祠堂、家谱、家规、家法、礼仪、祖坟山、家族资产、公积金、公益服务（如教育），以及功名牌坊、藏书楼、书院与家塾等。家族圈子里的人互相信赖、互相依靠，一荣俱荣。光宗耀祖是家族文化的核心价值观，它是激励族民奋发有为的动力。为维护经济秩序与社会秩序，他们组织各种社与会，订立村规乡约。族长与士绅是权威，具有话语权与决策力。

6. 礼仪价值观。徽州号称"东南邹鲁，礼仪之邦"。徽州人以礼仪治世，礼仪写在家谱中，如过年过节礼仪、结婚生子礼仪、守孝礼仪、进士及第祭祖礼仪、乔迁礼仪、官客迎送礼仪、宴席声乐礼仪。遵守礼仪是社会交往与家庭生活的基本原则。礼多人不怪，无礼则受鄙弃。"人情大于债，头顶锅儿卖。"饿死事小，礼仪事大。礼仪规范了人们的行为方式，严格遵守礼仪，受到人们尊重，万事礼为先。

7. 亲友邻里关系价值观。"行要好伴，居要好邻。""一个篱笆三个桩，一个好汉三个帮。"和为贵，和宗亲、和家人、和外戚、和邻里，努力使内外、上下和睦。谨名分，崇敬爱。互相关心，互相爱护，不提倡互相告状、打官司。尽力做好事，做善事，积阴德，为公益事业捐资、捐款。

8. 风水价值观。风水是一种生存环境文化，在学术上为阴阳五行、堪舆文化，人们追求吉日良辰、好山好水好地，为获得好风水，极尽努力。

徽州人经商，接触了广阔天地，他们广泛吸纳各种知识与理念，在政治、科学、经济、文化、风俗、价值取向、思维方式、道德观念、行为规范和审美观等方面，重构价值观念。徽州人消解淡化了原有文化中的不合时宜的因素，如因循旧规、家族主义、绝对化的忠孝观念、等级观念等；坚守最基本的价值理念，如以人为本、自强不息、勤俭、诚信、和谐、重义轻利等。在文化价值观中融入了辩证思维、人道主义、人权思想、公平竞争、平等、博爱、民主、法治等价值观念，开拓新文化。

徽州文化是灿烂的，其精神内核与价值取向，可以总结为：守本、顺时、开拓、创新。

守本 "本"，指最根本的事物，最终的归宿，退守的底线，人的起点。这是管理上的本体论。封建社会以耕读为本，即种田与读书是立足之本。除了职业的本体，还有其他方面的本体，如以宗族与宗祠为本，以祖坟山为本，以家谱、家教为本，这些是狭义的本。广义的本包括乡情、民俗、和睦家庭。这个本，有点"根据地"的意思。当徽州人从中原皇亲贵戚、达官名流流落到徽州山冲时，他们守住了中原文化之本；当徽州人四方经商，家有金银百万或千万之时，守住了徽州宗族文化之本；当徽州人在全世界文化、政治、经济大融合、大转型之际，作为某些文化精英，他们守住了徽州传统文化的根本。以至于人们说："如果有人要了解中国传统文化，你得走一趟徽州。"

顺时 封建社会天高皇帝远，朝廷的作用主要是维护政权，其行政管理松散，很多事情没有人管理。那时交通不便，信息闭塞，生产力低下，天灾人祸频繁。徽州人以严格的宗法制，建设了一个个村落，以村落为社区，负责在治安、经济、教育、环境、风俗、公益事业等方面的管理，形成社区生活的堡垒，这在当时是合乎时宜的选择。

人口多起来以后，在原有的自然经济的天国里生活变得十分艰难，徽州人跳出宗法制维护的小农经济圈子，走向商品经济，这是合乎时宜的选择。但是他们认识到，封建社会到处是宗法制管理，废除自己的宗法制是不行的。于是，他们把原来的宗法制故乡建成经商的根据地，以根据地为根本，向外拓展经营，如果失败了，回到根据地。他们一方面经商拓展，另一方面大力建设自己的根据地。

在清王朝推翻以后，徽州人顺应新文化、新思想、新运动、新形式、新的生产力，大力学习科学文化知识，大力发展教育，成为安徽省科学院院士最多的地区，这是合乎时宜的选择。

开拓 无徽不成镇，无徽不成商。这充分说明了徽州人具有开拓精神。徽州人居住在黄山、九华山、天目山、白际山、王龙山山脉之中，田地少，而且贫瘠，人口日益增多，为了生存，徽州人不得不背井离乡，远走四方经商。人们称赞徽州人有骆驼精神。人们看到，他们有作为、有开拓精神，在无地生存的状态下，获得了无限发展的空间。徽商在严酷的人事斗争中求发展，拓展商品经济。

创新 今天我们称徽州为"文献之邦"，证明徽州人守成，但是徽州人善于创新。徽派建筑、徽州三雕、徽医、徽画、徽菜、徽剧、徽商、新安理学、徽州朴学等，徽州制造精美的罗盘，发明了珠算，创造了辉煌的文化。在管理的本体论上，徽州人以"家天下"为本体的理念，走向以"人民共和国"为本体的理念。

今天，徽州文化中值得我们推崇的有两点：①在严格的宗法制下兴起了商品经济；②在崇山峻岭中建设了书香社会。

在严格的宗法制下兴起商品经济，是一件不容易的事。这需要冲破封建体制的约束，冲破道德伦理的约束，如"义"与"利"的关系。冲破那个时代守本、尽孝的约束，不怕人家说弃本经商，丢人现眼。顺应时势开拓生活，因时制宜、因地制宜改进生产关系与生产力，不是穿着前人的鞋走路，也不是只走前人的路，而是敢于开拓自己的道路。

徽州处于崇山峻岭中，在那个闭关锁国的时代，教育资源奇缺，文化与知识传播难，经济基础差，建设书香社会，不是一件容易的事。徽州人把教育当作第一等大事，徽州以考取的进士、状元多闻名，以书院、学校多闻名，以藏书楼多闻名，以处处有读书声闻名，以刻书、著述多闻名。

徽州人把知识文化看作第一价值。徐乾学请汪琬写的《传是楼记》中说，作为长辈总想传给子孙很多土地、金银等，但是最好的遗产是图书，是知识，所以主人传给下一代的遗产是藏书楼。乾隆年间修《四库全书》，献书最多的4个藏书家中，有3个是徽州人。徽州人认定知识是第一价值，他们建设书香社会，尊重知识，尊重人才。

在严格的宗法制下兴起了商品经济，在崇山峻岭中建设了书香社会，这是奇迹，徽州人创造了这样的奇迹，这是徽州文化的精神内核与价值取向衍生出来的成果。它闪烁着徽州文化的光辉。今天人们走进徽州，看到古村落、祠堂、牌坊、古民居、古桥、古亭、古代的商道，以及古代文献、大量的文化遗产，与青山绿水一起诉说了一个个动人的故事。

徽州给我们留下了大量的文化遗产，如世界文化遗产西递、宏村，徽州古民居，新安医籍，徽州经济文书，以及徽州非物质文化遗产。我们在网上可以看到一些视频，如徽州文化17个主题19集，华夏文明徽州主题32集，走进徽州10集，人文徽州12集，涉及徽州山水、人物、风俗、文化、建筑、医学、商人、文献等。

  通过这些视频，我们可以穿越时空，看到徽州的山水，风俗民情，自然景观，天人合一，人与大自然的协调一致，这里蓝天白云，安逸静雅。徽商在山环水抱的村落中，建设了东方的"佛罗伦萨"。徽州游客如织，眼前一切如诗如画。殊不知徽州儒商也是这画中的一景，最值得人们思咏。

桑良至

目 录
CONTENTS

一枝寒玉倚横塘——郑侠如 ········· 1
- 一 长岭郑氏经商发家史 ········· 1
- 二 寄情园林 ········· 4
- 三 黄牡丹文会 ········· 9
- 四 千人雅集 ········· 12
- 五 由贾入儒 ········· 17
- 六 堂前无字画，不是旧人家 ········· 20
- 七 大浪淘尽千古风流 ········· 22

雅调重联断续吟——马曰琯 ········· 25
- 一 天生仁厚的马曰琯 ········· 25
- 二 为弘扬道义而刻书 ········· 27
- 三 小玲珑山馆 ········· 29
- 四 邗江吟社 ········· 32
- 五 藏书、献书 ········· 40
- 六 编撰《宋诗纪事》 ········· 43

七　二马爱画 ………………………………………… 46
　　八　供养文人过一生 ………………………………… 47

爱闲反为校雠忙——鲍廷博　53
　　一　书香之家鲍氏 …………………………………… 53
　　二　鲍廷博的知不足斋 ……………………………… 54
　　三　鲍士恭献书 ……………………………………… 57
　　四　知不足斋丛书 …………………………………… 59
　　五　校勘图书 ………………………………………… 65
　　六　服务学术　流播艺林 …………………………… 68
　　七　一匹人间夕又朝 ………………………………… 73

排联清兴惟同鹤——汪启淑　77
　　一　歙县商人汪启淑 ………………………………… 78
　　二　开万楼藏书 ……………………………………… 79
　　三　"印痴"汪启淑 ………………………………… 84
　　四　《飞鸿堂印谱》 ………………………………… 85
　　五　向社会各界印人学习、交流 …………………… 89
　　六　刻印技法 ………………………………………… 93

人倚梅花月正高——胡正言　98
　　一　胡正言与十竹斋 ………………………………… 99
　　二　《十竹斋书画谱》 ……………………………… 102
　　三　《十竹斋笺谱》 ………………………………… 110
　　四　版本 ……………………………………………… 113

五　胡正言对饾版、拱花工艺的贡献……………………… 114
　　六　胡正言对中国传统商业的贡献………………………… 118

河影星光共一楼——程梦星、程晋芳……………………… **121**
　　一　筱　园……………………………………………………… 121
　　二　盐商世家…………………………………………………… 128
　　三　程梦星……………………………………………………… 132
　　四　程晋芳……………………………………………………… 138

梧声竹声何徐徐——江　春…………………………………… **149**
　　一　正一品江春………………………………………………… 149
　　二　迎　驾……………………………………………………… 152
　　三　关心社会公益活动………………………………………… 156
　　四　园林建设…………………………………………………… 158
　　五　康山雅集…………………………………………………… 163
　　六　江春与京剧的发展………………………………………… 167

不疏园里栖凤凰——汪梧凤…………………………………… **176**
　　一　西溪儒商汪景晃父子……………………………………… 177
　　二　不疏园……………………………………………………… 180
　　三　栖凤的梧桐………………………………………………… 184

辅政济民利朝野——胡雪岩…………………………………… **197**
　　一　资助王有龄出仕…………………………………………… 198
　　二　为左宗棠办军粮、军火、军费…………………………… 203

三　商业经营多样化……………………………………　206
四　公益事业…………………………………………　217
五　胡雪岩不转移财产………………………………　218
六　结论………………………………………………　220

后　记………………………………………………………　223

一枝寒玉倚横塘——郑侠如

洗尽铅华独淡妆，孤情偏爱水云乡。耻同桃李媚春光。
已托焦桐传密意，更邀明月伴幽香。一枝寒玉倚横塘。
——郑侠如《浣溪沙·梅花》

一首《浣溪沙·梅花》，道出了诗人郑侠如的心志。他不喜欢浓妆艳丽，偏爱水乡云海。他不喜欢桃李般的争春斗艳，他只寄意于瑶琴。他愿自己如梅花一样，伴随着明月，发出阵阵幽香。

郑侠如是诗人，又是商人，哪得这般出尘脱俗的情怀？树有根，水有源。我们且看郑氏家族的经商发家史。

一 长岭郑氏经商发家史

郑氏在徽州是大姓望族。郑侠如的祖先于南宋初年从河南迁居安徽徽州歙县县城西30里的长岭村。他们在这里的生活一直平平淡淡。到元代末年，长岭郑氏第6世有了发迹，郑潜做了官，任监察御史、泉州路总管，入明后继续做官，任宝应县主簿、路州同知。洪武年间，长岭郑氏第7世子孙郑恒中了进士，任河南布政司左参政；郑恒族弟郑道同于1391年中进士，任山东道监察御史。明朝靖难之役，燕王起兵夺其侄子的帝位，长岭郑氏忠于建文帝，在靖难战役中奋力拼搏，郑道同和郑恒战死。郑氏家族为其核心人物的殉节十分伤心。政治的灾难带来郑氏家族的不幸，致使他们危机重重。长岭郑氏一部分逃离故乡前往闽南，一部分仍然留在长岭村。郑氏家族为此立下家规，不让后代读书为官，只求平安生活。自此长岭郑氏200余年无起色。

1574年，长岭人郑景濂外出到池州经商谋生，积累了若干资金。1576年，郑景濂来到当时的商业中心扬州从事盐业。明朝成化年间（1465—1487）实行盐业贸易制度改革，徽商在转型中奔赴扬州，抓住机遇，占据了两淮盐业经营的高地，获得了经营支配权的优势。郑景濂此时从激烈的竞争中胜出，成为大盐商。于是长岭郑氏及其亲友纷纷投奔扬州，郑氏家族规模日益膨胀。长岭郑氏昔日从官场败落，现在从商场兴起。

郑景濂去世以后，他的三弟郑景淳继承家业。郑景淳不善于管理，家业走向衰落。郑氏家族为挽救危局，改用郑景濂的次子郑之彦（1570—1627）主持盐业。郑之彦有谋略，善决断，不到几年时间，家业复兴，偿清了其叔父欠下的债款一万余两白银，化解了众多盐商对其家族的发难。众盐商佩服郑之彦，信任郑之彦，也得到了盐务官员的信任。

1616年，御史袁世振整理两淮盐务，推行纲盐法，册定盐商盐引数量，一经刊定，永为窝本，每年照册派行新引。纲盐法确立了盐商包销专卖权，盐引世代传承，郑之彦借此获利。加之郑之彦能力过人，在商界和官场有影响力，办事公正，他多次为扬州商人及居民上呈奏章，解决民生问题，被众盐商推为"盐荚祭酒"。郑之彦积极处理商场与官场的公共关系，解决众多盐商在销售、运输、资金周转等方面的问题。郑之彦负责向官衙缴纳盐业税金，让朝廷的税收能够准时如数缴纳。郑之彦既是扬州地区的盐商管理人，又是扬州盐业销售总经理，他成了商人和官方之间的盐商领袖。

明代成化年间始，徽商在两淮表现出色，两淮盐业一共8个总商，其中有4个是徽州人。盐业是当时国家税收的主要来源，徽州人占据盐业魁首，徽州商人在国家经济中的地位就十分显眼了。

郑之彦有4个儿子，长子郑元嗣（字长吉），次子郑元勋（字超宗），三子郑元化（字赞可），四子郑侠如（字士介）。其中次子郑元勋（1603—1644）、四子郑侠如（1610—1673）是长岭郑氏家族中的佼佼者。

郑元勋，博学能文，胸有大略，名重海内。1644年，李自成进京，明朝灭亡，政权兴替，长岭郑氏捍卫明朝政权，郑侠如二哥郑元勋遇害；三哥郑元化之子郑为虹守仙霞关，1646年8月，清军破城，郑为虹被迫自杀。郑侠如亲自参加抗清活动，协助防守钟阜门，兵败被擒。洪承畴看重郑侠如，想任用郑侠如，被郑侠如拒绝了。清军在扬州进行了10日大屠杀，长岭郑氏劫后损失惨重。

入清以后，清廷继续实行明朝的纲盐制度，长岭郑氏继续经营盐业，获得巨大成功，集资千万。

长岭郑氏从乡村来到繁华城市扬州，从平民到官宦之家，从农民转型到商人，从小商发展到商总巨富，明朝初年与末年两次忠臣血染江河，诗人郑侠如亲眼见得世事红红绿绿，沉沉浮浮，感慨万千，伤痕累累。他万念俱灰，决心逃离世俗，追求文化，修身养性。他写下《浣溪沙·梅花》：洗尽铅华独淡妆，孤情偏爱水云乡。耻同桃李媚春光。已托焦桐传密意，更邀明月伴幽香，一枝寒玉倚横塘。

二　寄情园林

杭州以山水胜，苏州以街市胜，扬州以园林胜。清初，扬州8大名园如画卷，其中之一是郑侠如的休园。休园临近扬州瘦西湖。瘦西湖风景区有24景：卷石洞天、绿杨城郭、西园曲水、虹桥揽胜、冶春诗社、长堤春柳、荷浦熏风、碧玉交流、四桥烟雨、春台明月、白塔晴云、三过留踪、蜀冈晚照、万松叠翠、花屿双泉、双峰云栈、山亭野眺、临水红霞、绿稻香来、竹楼小市、平岗艳雪、香海慈云、梅岭春深、水云胜概。休园与24景相连，风景如画。

郑之彦4个儿子经商发财后，各自在扬州建设私人园林，表达他们宽厚适世的情怀。老大郑元嗣建"五亩之宅二亩之间"及"王氏园"，老二郑元勋建"影园"，老三郑元化建"嘉树园"、老四郑侠如建"休园"。园林里亭台楼榭，曲廊流水，古木秀林，花草飘香，争相比美。到乾隆中期，郑氏的五亩之宅二亩之间、影园、嘉树园，归于他人。唯休园风景依旧。

当时扬州的园林，休园、东村书屋、江春的康山草堂、汪玉枢的南园及其后人的九峰园，是扬州文人汇集之地，这些园林酒香、茶香、墨香，文人常来游赏、聚会、吟诗。

影园是郑元勋于1634年建成的。园以"柳影、水影、山影"美而称"影园"；董其昌题额，他自己作《影园记》。

顺治初年，曾经任过明代工部司郎的郑侠如回到扬州，决意隐世，不问红尘。他在扬州流水桥畔购买得土地50亩，建造休园。休园曾经是宋代朱氏园林所在地，园中有30多处景观，是当时扬州众多园林中的代表作。

郑侠如曾经是明朝的官员，1639年的贡生，号"四休居士"。改朝换代以后，他万念俱休，没有什么祈求，只要"粗茶淡饭饱即休，补破遮寒暖即休，三平两满过即休，不贪不妒老即休"。他以"四休"的旨意命名他的私人园林为"休园"。"休园"饱含了郑侠如的人生哲学，即淡泊人生，知足常乐，处世豁达，不恋红尘。万事俱休，心似明镜，不着尘埃。

休园建好以后，郑侠如的孙子郑懋嘉于1691年进行了修葺，郑侠如的重孙郑玉珩于1711年再次修葺，使休园可游、可观，可居，成为扬州的名园。扬州一些秀美的私人园林与24景相连接，郑侠如的休园与24景相近，风光甲天下。休园自建成至乾隆时期，共传了四代人。

休园　（清　王云绘）

郑侠如父子四世为官，天下交友极广。他家的休园，每天来游玩的政客以及文人络绎不绝。文人们在这里观景、集会吟诗、品鉴图书名画。他们出入休园，心中少不了关于休园的丘壑、美景与故事。他们把这些写在书中、诗文里。如计东的《广陵休园记》，方象瑛、吴绮、许承家的《重葺休园记》，李光地、张云章、宋和的《三修休园记》，郑侠如的《休园迩言》《休园省录》《休园集日》《休园诗余》，郑为光的《休园志》，郑熙绩的《含英阁诗草》10卷、《蕊栖词》34阕、《重葺休园有感》、《休园雅集十首》、《壬戌暮春休园再集》、《墨池阁灯集》等，郑玉珩的《止心楼诗》，郑庆祐的《扬州休园志》等。郑氏家族每逢良辰、美景、赏心、乐事，即邀请文人在休园中诗歌酬唱，人气鼎盛。

郑侠如的休园中有乔木、夏云、曲池、奇石、修竹、燠馆、凉台，风景优雅。休园诸多景点的题名意蕴丰富，如语石樵、漱芳轩、云山阁、蕊栖、花屿、空翠山亭、揖翠山房、三峰草堂、金鹅书屋、琴啸、湛华卫书轩、含清别墅、定舫、来鹤台、九英书坞、古香斋、逸圃、云径绕花源、玉照亭、不波航、枕流、得月居、水墨池阁。休园中的"墨池""华亭"匾额由王猷定、董其昌书写，书法隽秀。休园中还有名人文震孟、徐元文的题字真迹。休园中的止心楼下有美人石，楼后有五百年前的棕榈树，来鹤台下种植各种观赏药草。郑侠如的屋后有含英阁、植槐书屋、碧厂耽佳、止心楼。休园中"来鹤台"与扬州"栖鹤亭""骑鹤楼"相映美。鹤者，展翅高飞，前程远大，寓意很深。

休园岩壑树木，春花香，秋月洁，人文荟萃，诗歌飘香，人气滚滚。1715年，休园园主请著名画家王云为休园绘图，有了图，这就使得休园难休。休园绘图从1715年6月开始，到1720年4月完成，历时4年10个月。王云动笔时64岁，一直到他69岁方才完成。这是一幅精心绘制的绢质画，画面宽54厘米，长1295厘米。休园图全景分为12

幅，每幅画上钤有"王云之印"与"汉藻"方印。画面末段署款"康熙乙未六月至庚子清和图成"。画中楼台亭阁、院落长廊、碧水亭榭、假山怪石，各显异彩。其第1幅画描写语石堂秋景。第2幅画描写休园冬景，以寒鸦竹鹤与朱彩屋宇相写映。第3幅画描写休园夏景，以书屋几案、曲廊修竹、梧桐树，描绘休园欣欣向荣的景象。第4幅画描写休园夜间明月，木楼湖石。第5幅画题名《琴啸》，图中主人闲坐读书，书童一旁伺候。第6幅画描写荷花塘边郑氏父子观景。第7幅画描写春湖小舟，桃花柳树，游人醉迷。每一幅画主题鲜明，清新灵动。

1761年，郑侠如第5代子孙郑受天拿出图给郑侠如族侄郑来，请他在画的引首篆书"休园图记"，画尾是清人学者彭白云的跋文，以及郑来以各种书体抄录的《重修休园记》。画中有人、景、文、书法，展现了自然美与人文方面的艺术美。

王云画的休园图被一些收藏家妥善传承，直到1956年，收藏人王凤鸣将休园图画捐献给国家。《中国美术全集·清代绘画》一书著录了珍品王云的休园画。今天休园实体不在了，休园画作尚存，当年扬州名园设计布局的壮观景象，我们一览其图便可知晓。

长岭郑氏几代人在休园读书、吟诗、作画、散步。他们对休园有独特的感情，写下了许多诗篇，现摘录3首如下：

郑熙绩的《重葺休园集字得一卜五首》，其中一首写道：

"水阁浮前沿，流泉暗暗通。敲诗寻旧侣，排闷沐新桐。
未解琴中趣，惟吟松下风。墨池遗迹在，书法忆南宫。"

诗中描写休园泉水暗流，亭阁如浮在水上。诗友们弹琴吟诗排闷，优雅的琴声与徐徐的松风涌动，名人的书法耀眼醒目。大自然的美与人文的美融合在休园里，回味悠长。

郑熙绩就休园填词《钗头凤》：

"西风到，新凉早，丝丝积雨萦纤草。樽前约，花间酌，读书天气，那应间却，学学学。垂杨扫，流莺绕，金衣湿透歌声巧。烟沉壑，云窥幕，桐阴池馆，芸香楼阁，乐乐乐。"

他说，秋天来了，细雨霏霏，青草翠绿，此时当可赏花饮酒，但最宜读书学习。柳丝摆动，莺歌婉转，烟云低沉，树林荫翳中点点楼阁，秋天的休园令人好生快乐。

郑玉珩的《止心楼诗》共144首诗。其中一首为《上元后二日湛华阁赏雪》：

"今年正旦后，云阴晴日希。前宵上元节，月暗微霰飞。彻夜风渐渐，来朝雨霏霏。踏青期尚遥，观灯兴已违。闷来且高卧，一觉窗色晞。呼童出户看，雪下方皑皑。我闻兴勃发，推枕起披衣。喜兹三阳候，五出良及时。初如絮横飘，徐若粉细筛。繁英满林树，臃肿失故技。何必撮玉山，已足方瑶池。折简召朋旧，座有俞炼师。邻曲来吴生，当筵赋新诗。辛盘尚可食，卯酒尤相宜。伊余湛华阁，四世恒于斯。感今复思昔，既幸亦以悲。年华如流水，一去不可追。良辰难再遇，不乐将何为。"

诗中描写了正月里一场大雪过后，郑玉珩邀请友人，在湛华阁设宴赋诗的情景。每逢雪天，郑家4代都爱邀约诗人在休园里即景畅吟，流水年华，诗句翻新。

徐维的《秋日休园雅集》描写了他们在休园的乐事：

"名园间几过从，清蠢令来臭味同。坐对高山迎户牖，静听流水入丝桐。当筵夜漏销银蜡，厌帽秋香冷桂丛。莫遗胜游轻负却，画图留记月明中。"

诗写休园里，一群情趣相投的人，窗外有高山，耳边有水声、琴声，夜深人静，桂花飘香，人们在明亮的月光下赋诗。诗中的休园诗意浓郁。

三　黄牡丹文会

扬州郑氏第4代人郑元勋和郑侠如，曾经是明朝官员，又是清朝盐业富商。扬州的盐业世家倚仗盐业根窝，获得无本之利，资金积累如山，成为一方豪富。盐商把盐业经营过程交给门人管理，自己无忧无虑，投身于社会，组织了丰富多彩的文化活动。

郑元勋担任过明朝兵部职方司主事，积极参与晚明的文学活动。复社是当时文人的联盟，郑元勋与其侄子郑为虹都是扬州竹西复社的成员。入清以后，郑元勋以照顾老母为由隐退。1634年，郑元勋在扬州修建了一座园林——影园。影园在瘦西湖中间的长屿上，古渡禅林之北。影园内有玉钩草堂、半浮阁、泳庵、小千人座、淡烟疏雨、菰芦中、廊翠亭、湄荣亭、一字斋、媚幽阁、草堂、书楼等。董其昌（1555—1638）以该园的柳影、水影、山影而题名"影园"。董其昌的密友陈继儒（1558—1639）为影园题写了"媚幽阁"匾额，园主郑元勋则用"媚幽阁"作为他自己文集的书名。

郑元勋之弟郑侠如有休园，影园与休园是文人集会的场所，郑氏集天下名士，以及复社成员于此，写诗歌咏，互相酬和。

郑元勋在明末与钱谦益、冒襄等同为江南文坛的领袖人物，络绎东南，主持坛坫，召集海内文士。当时扬州有名的文会盛行，如马氏小玲珑山馆，郑氏休园雅集，王士禛的虹桥修禊，孔尚任的虹桥与梅花岭修禊，卢见曾的苏园、虹桥修禊，曾燠的南园雅集，汪玉枢的南园雅集等，名扬天下。扬州地方官员和盐商，利用私家园林和名胜古迹，常在花信时期，或民间消灾祈福的日子举行修禊活动。每年农历三月初三，人们举行盛大的春禊活动。人们来到水边用香薰草药沐浴，消灾祈福，文人们借此举行雅集，陈列酒、菜、果、茶、食，吟诗作赋。

扬州规模宏大的雅集，令人难忘。1757年，两淮盐运使、一代文学名流卢见曾，在盐运使衙门构建苏亭，他与文士们酬唱，每人作律诗4首，和者7000余人，郑板桥两和其韵。此次雅集诗词编辑成200余卷诗集，刊刻印行，书中绘有《虹桥览胜图》。时任两淮盐运使、两淮盐政的曾燠，1793年秋，他与文士在盐商汪玉枢的南园中雅集。南园主人汪玉枢等36名文士，各赋七言古诗一首，结集成《城南宴诗》一书。

1640年，影园的牡丹花绽放一枝黄色牡丹，人们认为牡丹花常见，黄牡丹花难觅，黄牡丹花开是吉祥的象征。郑元勋于是广迎宾客，邀请文人墨客前来吟赏，以黄牡丹为题征诗，评奖，优胜者得黄金杯2个，杯内镌"黄牡丹赏最"字样。一时间，诗人云集，在黄牡丹绽放的地方设宴，依题限时吟诗。文会上诗人信手拈韵，若在一定时间内拿不出诗来，罚酒1杯。有的文人捻着胡子，苦思冥想，通宵达旦，雨声不歇，吟诗声不断。诗人们一手执杯喝酒，一手拈笔吮毫，搜肠刮肚，风情、才华艳过牡丹。诗毕，郑元勋出钱雕版刻印《黄牡丹诗》集。郑元勋将诗作糊封人名后，请诗坛领袖钱谦益品评，一位暂住扬州的广州举人黎美周夺得第一名。黎美周共作 20 首诗《扬州同诸公社集郑超宗影园，即席咏黄牡丹》，后人认为其第 4 首最佳，其诗云：

"恃买长门作赋才，守宫砂尽故徘徊。燕衔落蕊成金屋，凤蚀残钗化宝胎。三月繁华春梦熟，六朝芳草暮霞堆。上尊合赐词臣阁，邀赏犹传八骏来。"

黎美周有事暂住扬州，那天有幸参加了黄牡丹诗会。他才气喷放，一口气写了 20 首关于黄牡丹的诗。牡丹为百花之王，黄牡丹为牡丹之优；邀请来赏黄牡丹的是天下文人名流，黎美周是名流中的佼佼者，人们称为"黄牡丹状元"。限题即兴，当场吟诗，匿名评奖，获得殊荣，当为庆贺。百年后，袁枚描述颁奖盛典：黎美周坐在竹轿上，8 个人抬着，锣鼓喧天，声乐齐鸣，花如海，歌如潮，人头攒动，拥簇着黄牡丹状元游扬州 24 桥，倾城美女争相一睹才子尊容。当黎美周穿着锦绣的袍子坐在瘦西湖中画舫里时，扬州美丽的少女排列两行，阳光灿烂，烟云缥缈，如天女拥神仙一般。黎美周采购货物回到广东时，他的家乡数千人出城迎接他。（锦舆歌吹，拥状元游二十四桥，少女观者如堵。还归粤中，郊迎者千人。黎美周披锦袍，坐画舫，选珠娘之丽者。）袁枚说明朝 300 年殿试的历届状元，美誉与荣耀哪个能与黎美周相比呢。

黄牡丹文会是扬州文化活动的一个亮点，显示出了扬州商人郑氏在文坛的推波逐流的能力。

四 千人雅集

郑侠如休园的文会雅集规模宏大，举行的频率高，影响扬州文化百余年。郑侠如的儿子郑为光（1629—1665）、孙子郑熙绩（1650—1705）、重孙郑玉珩（1692—1738）、玄孙郑庆祐（1736—卒年不详），他们都是当时的名人，每当喜庆集会时，雅士毕集于园中。园中摆文案、笔、墨、砚台、水、笺纸、象牙诗韵、茶、碗、果、茶、食。诗作好后马上安排雕刻印刷，3天以内可以修改重刻，印出的诗集发送给城内各地。诗文风流，盛极一时。

休园 （清 王云绘）

文会上诗人们拈牌作诗，诗牌是象牙做的，诗牌上画有一景，诗人以签牌上的图景为主题赋诗。诗人抽签得题后，在限定的时间内即兴发挥，一时间，才子诗情火花绽放，妙语佳句层出，如张四科的"舟棹恐随风引去，楼台疑是气嘘成"；药根和尚的"雨窗话鬼灯先暗，酒肆论仇剑忽鸣"；黄北的"流水莫非迁客意，夕阳都是美人魂"；汪容甫的"叶脱辞穷巷，莲衰扫半湖"。

诗友们作了诗以后，便观看歌舞。《扬州画舫录》记载，诗友们来到一个绿玻璃装饰门面的大厅里。八九十岁的、没齿秃发的老乐工出来，一人弹奏一曲。忽然屏风门打开，可以看到一座二进小楼，红灯千盏，男女乐队各一，都是15岁左右妙龄人表演节目。

休园通过文会，广泛地联系天下文人士绅。名流文士来到郑氏园林，生活、环境、资料、文具等，都是郑家提供的。郑氏待他们为客人、诗友，彼此有深厚的感情。他们互相交往，留下了很多墨宝。文人们为郑氏家族撰写了许多文献，如园记、传记、序文、行状、墓志、诔词等。这些墨宝描述了郑氏家族人员的风骨与高尚的情操。如明代大学士、书画家范景文给郑之彦妻张氏撰写了诔词；江西举人、散文家艾南英撰郑之彦妻张氏寿序与郑之彦行状；江苏华亭书画家陈继儒撰郑之彦妻张氏寿序以及郑景濂传、郑之彦传；湖北黄冈诗人杜濬撰郑侠如《休园迩言》序以及《郑侠如传》；江苏华亭书画大师给郑之彦写墓志铭；明末"四大公子"之一冒襄给郑熙绩《含英阁诗草》作序；清代的举人、诗人计东给《休园记》《休园集句》《郑为光奏稿》作序；进士、翰林院编修方象瑛给《重葺休园记》《含英阁诗草》作序；进士许承家给《重葺休园记》以及郑熙绩的寿文作序，并给郑为光写行状；贡生、湖州知府、"红豆词人"吴绮给《重葺休园记》与《蕊栖词》作序；理学家、文渊阁大学士李光地撰写了《三修休园记》；文渊阁大学士王掞给郑为光继室雷氏寿文作序；礼部侍郎、文坛盟主沈德潜给郑玉珩侧室高氏写寿文，并给郑玉珩《止心楼诗》作序；进士诗人徐芳给郑侠如《休园诗余》作序；进士、吏部侍郎、著名诗人彭孙遹给郑熙绩《晚香词》作序；画家、诗人俞桐给郑庆祜《万青阁诗》作序；文华殿大学士徐元文给郑侠如写墓志铭；武英殿大学士李天馥给郑为光写墓志铭；文华殿大学士张玉书给郑景濂迁葬写墓志铭。

一个家族能得到天下许多著名文人留下的墨宝，是十分荣耀的。古代重视名节与身份，重视门第等级，名人写的序、铭文、行状、传记、墓志，彰显了一个家族的社会地位与社会形象。一群名人的文章与墨宝使长岭郑氏门第增辉。

来到休园诗文唱和、题谒的，非高官显宦，即诗文名家。回看长岭郑氏，当时的"村农估客"，转身成了扬州著名的士绅。这些高官显宦、诗文名家对于扬州郑氏有着笃厚的感情。郑氏雅集、文会联系着官场、商场与文场。

许承家与郑氏家族是三世姻亲：他是休园中的常客，他在《休园雅集》中描写休园集会："千人石上曾提笔，得句分投破锦囊。归来咳吐哀成帙，夏木结构有休园。……重茸休园今日事，不须重唱去年歌。歌来新声君莫止，三万六千从此始。"诗中说，休园雅集有上千人的规模，诗人们抽签得题以后，兴致勃勃，竭尽努力写诗，喷发出许多妙语警句与新思想。休园是当时扬州文学活动最为频繁的文化场所之一，文坛盟主沈德潜也参与了其中的活动。

扬州是当时的商业中心，在商品经济的孕育下，产生了广陵（扬州）词人群体，这个群体中著名的人物有王渔洋、吴绮、汪懋麟等人，以及本地词人郑侠如祖孙、黄云父子等。顺治、康熙之交，王渔洋是广陵词人的旗手。王渔洋于1660—1665年担任扬州推官。他白天做公事，夜间接待词人。他组织扬州以及外地的词人开展重大词学活动，参与者有一百多人，他们中有扬州本地词人吴绮、宗元鼎、刘梁嵩，长期流寓扬州或终老扬州的外籍词人徐石麒、徐元端、杜濬、孙默，组织参加过广陵词坛活动的词人王士禄、邹祗谟等；在扬州附近与王渔洋进行诗词唱酬的词人有冒褒、冒裔、冒禾书、殷书、石洲等。这些人把扬州诗坛闹得热气腾腾。

1644—1722年是广陵词人群体活动频繁的时期，词人们在扬州组织雅集唱和与合作选词。在此期间扬州的雅集有十多次，1662年6月15日，王渔洋与袁于令、杜浚、丘象随等泛舟虹桥，诗词吟诵，声波与水浪交织在一起，如在仙境一般，事后刊印《虹桥唱和词》，这是诗坛盛事。

王渔洋与邹祗谟共同编选了《倚声初集》，推动了广陵词人群体的创作。孙默在王渔洋的支持下汇编了《国朝名家诗余》，这是清代最早的一部规模宏大的广陵词派的作品集。

广陵词人的兴起得到了扬州徽商的大力支持，许多雅集在郑侠如等盐商的私人园林里举行，广陵词人在扬州举办的雅集酬唱活动有：

1644年至康熙初年，徐石麒、范荃、罗煜等人隐居扬州北湖，饮酒赋诗，啸傲溪山。

1660年，王渔洋到扬州与邹祗谟、彭孙遹、尤侗等人相聚唱和，王渔洋作《沁园春·偶兴》，邹、彭、尤等人各和韵2首。

1661年春，王渔洋到金陵请画家描述秦淮故事，汇为画册《青溪遗事》，题《菩萨蛮》8首，陈维崧、邹祗谟与彭孙遹唱和。该画册的主题包括：乍遇、夜饮、弈棋、私语、迷藏、弹琴、窃听、读书、潜窥、叶子、情外、秘戏。

1661年，王士禛在广陵，与刺绣女子余韫珠作神女、洛神、浣纱、杜兰香四图，神采鲜活。王士禛将诗的主题转为西施、洛神、柳毅传书和高唐神女。王渔洋作"题余氏女子绣浣纱洛神图"诗2首，并填"浣溪沙""解佩令""望湘人"3词。彭孙遹以"思越人"等附和，邹祗谟以"西施""洛神"等附和，董以宁以"烛影摇红"等附和。

1661年，王渔洋在扬州作诗《望远行·蜀冈眺望怀古》，邹祇谟等人作诗附和。1661年，王渔洋在扬州作《海棠春·闺词》4首，王士祯首倡"海堂春"4首，分赋"晓妆""午睡""晚浴""夜坐"。邹祇谟继和，后尤侗、程康庄、董元恺等人作步韵，董以宁作"补和"。这些艳词以精美的语言，描写闺女惊喜、胆怯、踯躅、怨恨的复杂心情。

1662年6月15日，王渔洋与袁于令、杜浚、丘象随、蒋阶、朱国桢、张养重、刘梁嵩、陈允衡、陈维崧等人泛舟扬州虹桥，王渔洋赋诗"浣溪沙"3首，诸公和之，诸词汇编为《虹桥唱和词》，王渔洋为该书作记。

1663年8月28日，王渔洋30多岁，邹祇谟写"三台·用琅琊王氏事赠阮亭30初度戏用辛稼轩用陆氏事送玉山陆令体"，陈维崧、李渔写词附和。

1665年7月，王渔洋将离开扬州，作"江南好"数阕，陈维崧作长歌、黄永作"满江红"词送别。1666年3月，王渔洋的兄长王士禄游扬州，与故人孙默、杜浚、孙枝蔚等10多人游宴于平山堂、虹桥，雅集后刻《虹桥唱和集》。

扬州文人"雅集"，名满全国。海内文人喜爱扬州的山色江声，雅歌美女。有诗云："雅会名流尽折巾，江南江北聚芳邻。催诗淅沥来山雨，剪烛萧条献水莼。"卢见曾的诗称："虹桥修禊客题诗，传是扬州极盛时。胜会不常今视昔，我曹应又有人思。"许多人争着参加王渔洋主持的修禊活动，济济英髦聚会，金花芳草，绿醑歌衫，诗坛献赋，江涛与诗情激扬，多么有意义啊！

1644—1722年，广陵词人群体雅集共有100多人，其中籍贯、生平和作品可考的有60多人。他们中有扬州"红豆词人"吴绮，"小香居士"宗元鼎，"咸园四子"之一的刘梁嵩，入清不仕的郑侠如，郑侠如

16

之孙郑熙绩等。广陵词派以扬州为活动基地，以威望很高的王士祯为领袖，汇集成有诗词流派标志性的《倚声初集》。他们摒弃门户，倡导自由，兼容并蓄，拉开了清词中兴的序幕，对当时的文化风向产生了很大的影响。郑氏本是盐商，一家2个入广陵词人群体，充分显示出郑氏家族的文化底蕴。郑侠如不仅是这个群体的成员，他还作为东道主，为天下文人提供活动场所、活动资金，以及提供丛桂堂藏书。郑侠如是扬州盐商中饱学有才之士，他酷爱文化，追求文化，学习文化，结交文人，结社吟诗。他爱才、揽才、养才、济才，有力地推动了广陵词人群体的发展。

五 由贾入儒

传统的徽州人讲究门风名望，然而封建社会朝廷认可的四民中，商为末等。商人的社会地位低，门望自然不会高。

徽州人垄断食盐贸易，在定价、销售上不一定迎合消费者的意愿。社会上不免有一些关于徽州商人的风言冷语，如《二刻拍案惊奇》中嘲讽徽商吝啬，说徽商只肯在乌纱帽与红绣鞋上舍得用银子，把徽商描写成一副财迷、官迷和色迷的模样。《儒林外史》描写的徽商形象也不佳，书中写道：那坐在轿子里的人是债精，抬轿子的人是牛精，跟轿子走的人是屁精，给徽商看门的人是谎精，徽商家里藏着的是妖精。总之，徽商不是正儿八经的人，他们爱吹牛、撒谎、逼债、好色，被正人君子看不起。尽管徽州人在家规、商书中规定以义谋利，以诚信为本，还是扭转不了世俗对于商人的看法。

徽州大族之间存在激烈的竞争，一开始，人们以人丁多少、地盘的大小以及富裕程度论高低。经过历史的检验，人们改变了衡量门第的标准。他们开始看重一个家族举人进士的数量、官员的多少、官员的品级。君子谋于义，小人谋于利。当官的谋义，老百姓谋利。当官的是大人，老百姓是小人。经商是小人行为，中举做官是大人的行为。

为了提高门望，扬州郑家积累了资金以后，大力发展教育，努力使自己的子弟进士及第。郑侠如的父亲郑之彦没有获得功名，郑侠如是贡生，郑侠如的儿子郑为光获得了功名，朝廷任命他为御史。他任御史时间不到一年，上呈奏章10次。他不计个人祸福，不避嫌疑，反映民众迫切需要解决的问题。郑为光在1661年上奏《请清厘关蠹疏》，痛陈两淮关卡林立，官吏如狼似虎，贪赃枉法，使得小本盐商倒闭，民不聊生。朝廷阅过奏章后下旨严查，排除了民间疾苦。郑家人不是千方百计谋利，而是体恤民情积极谋义，深得人们的尊重。

长岭郑氏经几次官场沉浮，本无心培养子弟读书做官。郑侠如的祖父郑景濂开始重视教育，把育人成才作为第一要务。郑景濂在天下寻找名师给孩子讲课，希望儿子科举及第。可是他的儿子郑之彦两次参加举人考试名落孙山，辜负了父亲的期望。郑之彦从事盐业，内心深处感到遗憾。他暗暗发奋教育四个儿子好好读书。郑之彦一旦发现儿子不用功，就罚他们跪下鞭打（当然，现在不提倡这样）。功夫不负有心人，在郑氏几代人的努力下，郑氏家族终于取得了一系列的功名。

1624年，郑元勋中举人，3年以后，郑元勋的侄子郑元禧又中了举人。1631年，郑元禧中进士，成为扬州郑氏第一个进士。1643年，郑元勋、郑为虹叔侄同时中进士，叔侄同榜，一门三进士。入清以后，1659年郑为光中进士，官至御史。1678年，郑熙绩中举人，郑玉珩、郑庆祜都是贡生出身。扬州地方志记载，郑氏一门有功名者众多，如郑元禧、郑天禧，一个1627年中举人，一个1631年中进士。郑为虹中进士后任职监察御史。郑为旭在1651年考中贡生，授中书，迁工部主事，监察御史，卒祀乡贤。郑为光尤其光宗耀祖，他是殿试二甲第二名进士，授翰林院庶吉士，监察御史，入祀乡贤祠。其后郑潮中举人，善音律，工诗。弟郑坛中举人，任职浙江督粮道，刻杜诗全集行于世。

长岭郑氏在扬州以郑侠如一支人脉最旺，科场中举者最多。

郑侠如的父亲郑之彦，秀才，扬州盐商领袖和文化事业的赞助人，"盐筴（音夹）祭酒"和"儒林丈人"。

郑侠如的二哥郑元勋。郑元勋是长岭郑氏在扬州的发迹者，他在1624年中举人，9年后中进士。扬州地方志的传记中描述他具有儒士的所有品质，尤其是他开展的慈善活动，对社会产生了很大的影响。1640年大饥荒，他组织宗族成员捐出了1000多石粮食赈济灾民。他关照远近各方的朋友，让他们住园读书、绘画、著述、就医。郑元勋汇著多种诗文集，他与郑元化遍征名作，编纂成《媚幽阁文娱》19卷。

郑侠如，贡生。

郑侠如的儿子郑为光1659年中进士，官至御史。

郑侠如的孙子郑熙绩1678年中举人。

郑侠如的重孙郑玉珩、玄孙郑庆祐都是贡生。

郑侠如一家5代人，1个举人，3个贡生，1个进士。郑氏家族既是盐商，也是儒士，既是成功的商人，也是书香门第。

长岭郑氏郑为光、郑为旭死后都列入了扬州乡贤祠，朝廷为郑侠如兄弟郑元勋、郑元化建忠义祠，也为郑侠如的祖辈郑道同、郑居贞建双忠祠，配享官方批准的祭祀。郑侠如家族享有忠义祠与双忠祠2个朝廷赐予的公祭祠。

长岭郑氏由贾入儒，郑家功名、诗文、著述颇富。世人评论说，郑元勋与郑元化编纂的《媚幽阁文娱》，渔猎百家，驱命万品，郑侠如的诗静可鉴，庄可铭，秀可餐，珍可佩；郑熙绩的诗溯骚雅，仿唐宋，兼庾鲍，尽苏陆，陶铸古今；郑玉珩的诗峰岭廻合，涛澜汹涌；郑庆祜的诗胸罗星宿，才溢沧州。郑侠如家族擅长写诗，以其私人园林与众多诗人酬唱，明末影园与清初休园成为凤翔之地。郑侠如除筑休园外，还筑丛桂堂藏书楼，收藏了大量的图书名画，名闻海内。

长岭郑氏从歙县来到扬州，从农民转业经商，从商人家庭发展到书香门第，郑氏几次转型，几次飞跃，文化层次越来越高了。

休园·冬　（清　王云绘）　旅顺博物馆藏

六　堂前无字画，不是旧人家

扬州民谚："堂前无字画，不是旧人家。"这里的"字画"指名人字画；"旧人家"指有良好家风的世家。一般来说，官宦、富商和诗礼之家都爱大家绘画与书法。堂前悬挂名人字画，表示儒雅，也显示出家族等第非凡。嘉庆《扬州府志》称"杯盘处处江秋水，卷轴家家查二瞻"。明末清初的江秋水，擅长制作夹纻胎软螺钿杯盘漆器。新安画派画家查二瞻，即查士标，寓居扬州。家家户户悬挂他画的作品。扬州人家庭生活很讲究艺术氛围。扬州盐商经济状况优越，有条件收藏与欣赏艺术品。富人的喜爱，催生出一个书画市场。如盐商程氏筱园，请画家方士庶绘"题竹图"，请画家程鹏、许滨谷作"筱园图"，扬州袁跃的贺园请画家高翔绘"弹指阁图"。画家郑板桥赠给盐商马曰琯修篁扇面。画家金农、高翔、汪士慎为马曰琯画十六幅"梅花帐"。盐商郑侠如休园中，不仅有当时的名人字画，而且有前代人文震孟、董香光的真迹。其兄郑元勋本身就是著名画家，他喜画、爱画、藏画。很多画家居住在盐商的私人园林里创作，扬州的盐商成为画家创作及传播画艺的基地。

休园·夏　（清　王云绘）　旅顺博物馆藏

七　大浪淘尽千古风流

苏东坡诗："大江东去，浪淘尽千古风流。"历史的长河犹如长江，后浪推前浪，多少英雄人物沉浮其中。长岭郑氏在扬州轰轰烈烈，但在乾隆时期遭遇了沉重的打击，从此沉沦。

郑侠如的二哥郑元勋，著有《媚幽阁文娱》一书，书中收集了晚明很多诗文，诗文以明朝的立场议论明清战争，遭到清朝政府多次查禁。除此以外，郑侠如家族其他人的著述中也多次涉及乾隆皇帝痛恨的钱谦益和沈德潜。钱谦益和沈德潜都是清朝官员，钱谦益晚年积极支持郑成功武装反清，并在各地组织力量反清，为清朝统治者所不容。沈德潜把钱谦益的诗列在诗集的第一位。他曾给《一柱楼集》作者徐述夔写传记。《一柱楼集》有诗句"明朝期振翮，一举去清都"。由此徐述夔深为乾隆皇帝所痛恨，沈德潜因此被削去一切封号头衔。长岭郑氏家族诸人的作品与清朝的2个重大政治犯都有联系，也为清朝统治者所不容。1788年5月，两江总督以郑氏著作中有"违碍、谬妄、感愤"语句，以及有"钱谦益、沈德潜序文"等罪名，将郑侠如《休园诗余》《休园省录》，郑熙绩《含英阁诗草》《晚香词》，以及郑庆祐的《扬州休园志》等著述列为禁书，"奏准全毁书目"，遭到查禁。朝廷禁郑家的书，给予郑家政治上的定性，使郑氏家族永远不得翻身，昌盛百余年的休园，最后归于苏州陈氏，道光年间休园又被陈氏售给仪征魏氏，最后毁于太平天国战火。

乾隆时期，郑氏著作被查禁以后，诗人墨客各自规避，不敢与郑家往来。郑家自此门可罗雀，郑氏建筑的园林也随之消失，休园不见诗会雅集，昔日风光不再有。

郑元勋和郑侠如不直接从事盐业经营，郑侠如的儿子郑为光身为朝廷御史，更是不会经营盐业了。盐业授权给门人管理，管理者营私、贪污、作假，郑氏的金银被掏空。郑侠如的重孙郑玉珩在他父母去世后，

扬州白塔

查看遗资，已无厚积，自叹他仅仅背着一个富商的虚名。长岭郑氏因"文字狱"在官场熄火了，继而在商场衰微了，郑侠如的休园冷清了，休园归了他人。

长岭郑氏自万历年间迁到扬州，到其第8代子孙郑庆祜近200年间，经商不忘读书，发财不疏忽教育。他们内心崇儒，先贾后儒。身在商场，诗书自随，舟车劳顿，不忘开卷读书。当郑家成为扬州的富商权贵以后，以其雄厚的财力招揽四方天下文人墨客，举办文会雅集，积极支持并参与广陵词人群体的活动。文人们在郑氏私人园林里，聚会、赏景、吟诗、作画。长岭郑氏为文人和艺人提供安逸优雅的环境，推动了

扬州文化的繁荣。

长岭郑氏的"儒",一方面表现出为社会服务的"义",以传承与发扬中国文化为己任,而组织一系列的大型文化活动。另一方面表现出对宗族的"孝"。长岭郑氏人在扬州,祠堂在歙县,他们在书中的署名仍然是故乡歙县长岭郑氏。他们坚持与故乡人联姻,除郑玉珩外,郑景濂妻程氏、郑之彦妻张氏、郑侠如妻汪氏、郑为光妻汪氏和程氏、郑熙绩妻许氏、郑庆祐妻吴氏均为歙县人。郑氏人移居在外,风俗文化如故,这是个典型的徽商家族。

郑侠如以忠信为甲胄,以礼义为干橹,行戴仁,处抱义,今世之行为,后世之楷模,长岭郑氏给社会留下了一个儒商的美好形象。

参考文献

[1] 郑侠如. 休园诗余 [M]. 绿荫堂刊本,康熙元年(1662年).

[2] 房学惠. 风雨沧桑话休园 记王云休园图圈 [J]. 收藏家,2003 (12).

[3] 冯建辉. 明清徽商"脱贾入儒"研究——以歙县长岭郑氏为中心 [J]. 黄山学院学报,2008 (4).

[4] 严勇,孙计康. 浅析明清两淮盐商的"入仕"情结 [J]. 扬州教育学院学报,2009,27 (2).

[5] 汪崇篔. 部分徽州歙县盐商故里及家族 [J]. 四川理工学院学报(社会科学版),2008 (2).

[6] 王鑫. 盐商郑氏家族文学文化活动研究——以郑元勋为中心 [D] 南京:扬州大学,2010.

[7] 周晓兰. 扬州休园考 [D]. 北京:北京林业大学,2012.

雅调重联断续吟——马曰琯

温寒不改节,终始重朋游。拯困施无厌,论交敬似初。

——陈章

学者陈章说,徽州商人马曰琯,无论在什么环境下,都始终把友情放在第一位,发现友人有困难,及时给予援助。来来往往,那么多人,交往频繁,他为人总是如同第一次见面,那么亲切,那么坦然,那么真诚。

一 天生仁厚的马曰琯

马曰琯(1688—1755)字懈谷,又字秋玉,号嶰谷。弟马曰璐(1695—1799),字佩兮,又字半槎,号南斋。马氏兄弟是安徽祁门人。马氏是徽州祁门县的大姓,他们的祖父马承运,从祁门迁居扬州,经营盐业,发了财,家资万贯,是当时江南"四大富商"之一。马承运性格宽厚、耿直,讲道义,关心他人,热心于公益事业。

二马的父亲马谦，太学生，大孝子。马谦第二房夫人陈氏生两个儿子，即马曰琯、马曰璐。1717年，年仅56岁的马谦去世，临终时对妻子陈氏说："吾子皆可教，必令其文学显名。"于是陈氏不惜重金延请名师教育儿子。马曰琯果然不负父命，努力读书学习，获得附贡生的学历，取得了候选道台的头衔。1736年，马曰琯被推举参加博学鸿词考试，这是朝廷为多才而科举不第的人，开出的一个通道。面对这个机遇，马曰琯坚辞不赴。马曰琯兄弟不落俗套，志向高雅，清思幽渺，亲贤乐善，见善思齐。马氏二人善诗，好交游，四方名士过扬州，常住在马氏兄弟园林里。天下有道义的人，如果到了扬州不到马家，马氏兄弟就觉得这是非常遗憾的事。马氏兄弟以济人利物为本怀，以诚心待人为实务。马曰琯好客乐施，每个学者艺人，他都热心关照，天下士林，无不感恩戴德。《清史稿·文苑传》有马曰琯传。马曰琯的作品有《沙河逸老集》10卷和《嶰谷词》1卷。

马曰琯逝世，惊动文坛。徐灵胎的诗《洄溪道情》说："苦雨连旬，传说江淮合并流。有客款门，正值黄昏时候。报道先生归去休。魄骇魂惊，倍觉凄风骤，这不失了衣冠领袖，恰是减了江山文秀！他慈祥诚笃，宽大和平，天生仁厚，清文妙笔，丰神气宇，绝代风流。……从今后邗江渡口，多少公卿耆旧，骚人墨叟，一声声哭过扬州。"这首诗饱含哀动情，描写了马曰琯的逝世对于文坛的震动。苦（与哭同音）雨连绵，长江、淮河的水连成一片，有身份的人、有文化的人都为文坛巨星的陨落而痛哭。

二　为弘扬道义而刻书

徽州盐商，风流儒雅，广结文人雅士，心里渗透着对"士"的向往。他们与儒士一起观摩书画，喝茶、谈经、吟诗、作画、听琴、下棋。凡有雅士经济拮据，便解囊以助。

文人著作，往往苦于无力出版。马曰琯家中设刻坊，不惜重金刊刻优秀书籍。马氏兄弟刻书精益求精，纸墨优良。他刻印的《说文解字》《玉篇》《广韵》《字鉴》《经义考》等书，在书籍出版史上有一定的地位。马曰璐编辑出版了《小玲珑山馆丛刻》6种13卷。小玲珑山馆影印了宋本《韩柳二先生年谱》2种8卷等，都是名版书。小玲珑山馆出版的图书，形体精美，刻字娟秀，版框整齐，墨色均匀，装订考究。小玲珑山馆刻的书，人称"马版"。马氏刻书，弘扬道义，他们凭借经济实力，为天下服务。

马氏兄弟对于世人愿见之书，不惜千金付梓出版。他们为王士祯刊刻《感旧集》，为蒋衡装帧《十三经》，获得世人的广泛赞扬。

马曰琯兄弟爱吟诗。马曰琯、马曰璐兄弟与全祖望、闵华、厉鹗、高翔、杭世骏、姚世钰、丁敬、陈章、方士庶、程梦星、王藻等人，在小玲珑山馆结邗江诗社，吟咏唱和。马氏把这些唱和之作，结集成《邗江雅集》12卷，刊刻出版。

马曰琯资助刻印了许多贫寒士子撰写的著作。姚世钰家贫，去世后留下《莲花庄集》，二马抚恤其家，收拾其遗文，出资雕印他的遗著。朱彝尊的《经义考》7种，篇幅大，世人认为该著阐明了经学的师承与学术渊源，学术价值高，康熙皇帝曾赞赏此书，由于部头大，无人敢承印，马曰琯不惜千金为他刊行。

马曰琯、马曰璐兄弟出资刻印了王士祯《感旧集》，卢氏《雅雨堂丛书》（包括《易传》《周易》《周易乾凿度》《尚书大全》《战国策》《大戴礼记》《封氏闻见记》《唐摭言》《北梦琐言》《匡谬正俗》《文昌杂录》等）。马曰琯、马曰璐出资刻印了宋本《韩柳二先生年谱》《干禄字书》《五经文字》《九经字样》《班马字类》《困学纪闻》《说文解字》《玉篇》《广韵》《字鉴》《宋诗纪事》等名著。

马氏刻书，有力地推动了当时学术的发展。例如，《困学纪闻》，宋代王应麟著，内涵《说经》8卷，天文、地理、诸子2卷，《考史》6卷，《诗评》3卷，《杂识》1卷，该书是王应麟的代表作，其在考据方面的成就，深得清初朴学家的青睐，阎若璩、何焯先后为此书作笺注。马曰琯及时雕刻阎若璩、何焯的笺本。全祖望在马氏"畬经堂"利用马氏刻本，参照何焯《困学纪闻》笺注，写成《困学纪闻》三卷，全祖望书中的论点超越了以前诸人。厉鹗的《宋诗纪事》，马曰琯、马曰璐参与其编纂工作，厉鹗在该书书名页题"马曰琯同辑""马曰璐同辑"。厉鹗在很多问题上与马氏兄弟共同探讨研究，使得厉鹗顺利编写成《宋诗纪事》一书，并得以出版。

马曰琯兄弟是盐商，他们虽是商人不言商。他们刻书不谋利，以友情为重，以传承佳作为目的。马氏荟萃儒林文苑，在60年时间里刻书有五六百卷。二马刊刻图书，以功德传世，提高了图书的文化价值，满足了读者鉴赏的需要。他们出版图书不谋利，也并非附庸风雅。他们尊奉儒家经典，以清儒佳作为选题，出版的都是上乘作品。二马酷嗜诗词歌赋，一生中多次辑刻诗文唱酬的诗文集，如《焦山纪游录》《邗江雅集》《林屋唱酬录》。二马刻书精良，无讹本，他们请著名学者、校勘名家等共同鉴赏、考订和校勘图书。马氏与众多文士结成深厚的友谊，成为众多学者的中心人物。清代诗人袁枚在《扬州游马氏玲珑山馆吊秋玉主人》一诗中称："山馆玲珑水石清，邗江此处最知名。横陈图史常千架，供养文人过一生。客散兰亭碑尚在，草荒金谷鸟空鸣。我来难忍风前泪，曾识当年顾阿瑛。"马曰琯既有钱，也富有学问，他的钱与学问，不是为自己服务，而是服务于社会，服务于学者，怎么不令人感动呢。

三 小玲珑山馆

雍正年间，马曰琯在扬州建造小玲珑山馆。小玲珑山馆故址原是清初石涛的"寿芝园"。"小玲珑山馆"是扬州杰出的园林建筑之一。其筑山蓄池、植花种树、设路建桥，山水、花木构成的诗情画意，有"道"的精神，"艺"的技巧。其园林体现了天人合一的理念，内涵本体、性命、义理、自然，以及四时、季节的景色演变。

园林建设，三分在工匠、七分在主人。马曰琯选择各类名工巧匠，建筑宜雨轩、透风漏月轩、壶天自春楼（抱山楼）、住秋阁、丛书楼、鹤亭、清漪亭；园中有竹、桐、松、柏、藤、玉兰、芍药、牡丹、草、蕉、枫、柳、桂等。园中也有洞壑、谷涧、壁缝、藤萝，山上鹤亭，曲池，湖石堆岸，池中有亭，山后为风音洞、蜡梅，疏密得当。马曰璐《小玲珑山馆图记》写道："以古今胜衰之迹，佐宾主杯酒之欢，予辈得此，亦贫儿暴富矣。于是鸠工匠，兴土木，竹头木屑，几费经营，掘井引泉，不嫌琐碎，从事其间，三年有成。"主人延揽各方大师与文人，设计建造了小玲珑山馆。园中的叠石，出自石涛的艺心。他用太湖石、黄石、峰石、宣石，翠竹、石池、阳光、石梁、丹枫、洞天，反映出四季的风光。有诗赞他："琅竹千杆个字园（扬州有个园），黄山拔地小桥湲。石涛砚海波澜起，设绘飞豪芍药轩。"这里曲廊虚槛，层楼叠石，平池绿萝，嘉树深靓，各极其致。人们在这里可卧听风声、雨声、鸟声，行观山影、树影、花影，可游、可望、可居。

小玲珑山馆今已不存，我们从图上可知它昔日的风貌。

姚蔼士收藏的图画长卷，卷首题"小玲珑山馆图"，字为隶书，下题"半槎署"，钤有红印"曰璐"，图是小玲珑山馆主人之一马曰璐的题字。图画长约90厘米，高约20厘米。图中一太湖巨石竖立，玲珑剔透，小玲珑山馆借此得名。远处有2楼，修竹千竿，掩映左右。园内有2个长廊，高大的桐树与槐树遮映。图中有一个楼阁，一个庙宇，一个亭子。园内各种花草，姹紫嫣红，杨柳依依，古藤攀缘，蕉叶肥大。图以玲珑石为中心，疏朗有致，设色淡雅。图的左边用小楷题字："弥伽居士张庚绘"，画中钤印"瓜田"。张庚（1685—1760），字浦山，号瓜田逸史，又号弥伽居士，秀水（今浙江嘉兴）人。他擅长画山水，画论有《画微录》《浦山论画》等。马氏请著名画家张庚绘出小玲珑山馆图。

图后有《小玲珑山馆图记》，署名"马曰璐撰并书"。图记文字很多，楷体书写。记文中说：园中有两个楼，一个楼用于登山望远，瞭望大江流水与江对岸的青山；一个为藏书楼，楼中有历代丛书，人们可以在这里读书、勘校图书。园中有两个轩，一个题名"透风披禅轩"，用于纳凉；一个题名"透月把酒轩"，用于赏景。园中的"红药阶"，种了一些芍药。"红药阶"旁边一口浇药井，用于灌溉花草。园中的梅寮，石屋边种了红绿花数种，色泽分明，以示清洁。园中一阁，题名"清一响"，周边翠竹承露开笑。园中的"藤花庵"，古藤攀缘。园中的小亭，旁列7个大石，造型奇特，称为"七峰草亭"。园的四周，长廊环绕，文士闲暇时小步其间，搜索诗肠，是吟咏者的佳境，题名为"觅句廊"。园中的玲珑巨石来自太湖，美秀，皱云，十分罕见。艺术家希望得到它，老百姓希望收藏它，马氏不惜花费许多金银买到园中，是为小玲珑山馆的来由。玲珑奇石，邻居怀疑其影响风水，不允许马曰琯竖立。图中出于马氏的愿望绘有玲珑奇石，其实没有。马氏弟兄去世后，山馆易主，玲珑石才真的竖立起来。《小玲珑山馆图》原藏马氏家中，以后转到吴山尊那里，吴山尊以后转到汪氏那里，最后转到了姚蔼士手中。山馆早已成瓦砾，后人据图，可推想当年的名园胜迹，风流雅事。

厉鹗深感马氏园林的优美，他为马氏园林"街南书屋"题诗12首。

小玲珑山馆

凿翠架檐楹　虚敞宜晏坐　题作小玲珑　孰能为之大

丛书楼

世士昧讨源　泛滥穷百氏　君家建斯楼　必自巢经始

透风透月两明轩

前后风直入　东西月横陈　主即如谢傅　客合思许询

觅句廊

步檐何逶迤　昼静无剥啄　好句忽园时　花阴转斜桷

红药阶

种从亳州移　不是刘郎谱　春风一尺红　阶前晕交午

石屋

窍窦似天造　华阳南便门　寻仙恐迷路　不敢蹑云跟

看山楼

青山复何在　烟雨晦平陆　待得晚秋晴　徙绮阑干曲

七峰草亭
青峭落窗中　修修竹风举　悠然欲揖之　恍见林下侣
梅　寮
绕舍玉梢发　嫩寒先起探　绝胜尘土客　落月梦江南
清响阁
横琴小阁闲　希声寄絃指　萧蓼不可名　松风乱流云
浇药井
久视托灵苗　仰流资灌溉　际晓辘轳声　众芳欣所在
藤花庵
依格青条上　垂檐紫萼斜　天然妙香色　合是佛前花

园林优美，诗人付曾的诗写道："心死便为大自在，魂归仍返小玲珑。"小玲珑山馆是众多文士生死相依的地方，文人们深深地沉浸在小玲珑山馆良好的氛围里。文士们在这里结社吟诗，其乐融融的景象，永世不忘。

四　邗江吟社

马曰琯虽是盐商，也是文章魁首。沈德潜说马曰琯的诗像山峰一样俊俏，像水一样明澈。马氏兄弟与众位学者诗文交往，他们结"邗江吟社"，高山流水会知音。

结社吟诗由来已久，东晋王羲之等江南名士43人聚会兰亭，宋代诗人苏舜钦、梅尧臣等人唱和于沧浪亭，元代顾瑛等人集会玉山草堂，皆传为佳话。

扬州雅集全国闻名，著名的诗人团体是冶春诗社。诗社以王渔洋为核心，吴绮、宗元鼎、刘梁嵩等人参与，文学史上称"广陵词派"。

王渔洋（1634—1711），名士禛，字贻上，一字子真，号阮亭，别号渔洋山人。死后因避雍正胤禛讳，改称士正，乾隆时诏命改称士祯。他是山东新城人。王士禛自1660年至1665年任扬州推官。他在扬州组织过两次虹桥雅集。1662年春，王士禛与杜浚、邱象随、袁于令、蒋阶、朱克生、张养重、刘梁嵩、陈允衡、陈维崧10人第一次修禊于虹桥，众人击钵赋诗，游宴不息。王渔洋作《浣溪沙》2首和《虹桥游记》，广为流传。1664年春，王渔洋再次与林茂之、孙枝蔚、张纲孙等名士于虹桥修禊，他作《冶春绝句》12首，众人唱和。其中一首云："虹桥飞跨水当中，一字栏杆九曲红。日午画船桥下过，衣香人影太匆匆。"人们击节赞赏，称羡不已，香清茶热，绢素横飞，后编成《虹桥唱和集》3卷。

王渔洋创建冶春诗社后，相继者孔尚任、卢见曾、曾宾谷，把冶春诗社的活动，推向高潮。卢见曾于1757年举行的虹桥修禊，李斗《画舫录》记载：其时和修禊韵者7000余人，编得诗集300余卷。

马曰琯组织的邗江诗社也是全国闻名的诗人团体。该诗社《邗江雅集》12卷，收集1743—1748年的诗作。1747年，沈德潜在雅集卷首序中写道："邗江雅集，诗人分题唱和。远近诸公，不论籍贯、年岁，一律称同志，风流文雅，积诗成卷。"

邗江雅集不同于古人。古人唱和于朝省馆阁、政府官舍，以山林诗此赠彼答，声伎宴游，会合素交，量才呈艺，专咏落花。邗江诗人集于野，人人平等，不求声誉豪华，林园宾主，寄兴咏吟，联结常课，兴高而集，兴尽而止。

全祖望《九日行庵文宴图》序写到，城北天宁寺，其中行庵，是马曰琯兄弟的私人园林。地不过五亩，老树古藤，森林相望，百年大树，中间种修竹，春鸟秋虫，更唱迭和，曲廊高榭，杂错其中。从尘世来到这里，萧然有山林之思。

厉鹗《九日行庵文宴图记》写到，1743年9月9日，大雨过后，风日清美，遂约同人，聚集于此。庵中挂仇英画的陶渊明像，采黄花，酌白酒祭祀。以"人世难逢开口笑，菊花须插满头归"分韵赋诗，觞咏一天。10月，叶震初来，画诗人小像一卷，方环山画景，称作《九日行庵文宴图》。图中有16人，他们是胡期恒、唐建中、方士庶、方士庹、闵华、全祖望、张四科、厉鹗、陈章、程梦星、马曰璐、汪玉枢、马曰琯、王藻、陆钟辉、洪振珂等。

九日行庵文宴图

上述16人是邗江诗社的主要成员。诗社41人，还有25人，他们是史肇鹏、杨述曾、高翔、陆锡畴、黄裕、郑江、张世进、赵昱、丁敬、杭世骏、赵信、赵一清、戴文灯、陈祖范、姚世钰、张熷、刘师恕、王文充、方世举、楼锜等人。

这41人中，全祖望、杭世骏是著名学者；厉鹗是著名诗人；金农、高翔是画家；陈章、陈皋、赵昱、赵信诗文俱佳；姚世钰是"俊才"；唐建中是侨居扬州的诗人；胡期恒由甘肃巡抚罢官归里；程梦星由翰林院编修归居扬州；马曰琯、马曰璐是扬州盐商；张四科是临潼籍盐商，他与陆钟辉共建让园。

《邗江雅集》所收录的诗共692首。诗人们在5年多的时间聚会赋诗唱和96次。雅集诗人中，参加10次以上诗会的18人，他们是马曰琯、马曰璐、汪玉枢、张四科、洪振珂等人。浙江人陈章出席雅集次数最多，达89次。马氏兄弟第二，达84次。程梦星第三，达67次。厉鹗第四，达52次。胡期恒第五，达45次。全祖望、姚世钰各达20次。

邗江诗社活动的主要场所是马氏的小玲珑山馆、南庄、行庵、畚经堂及街南书屋。张四科的让园、陆钟辉的环溪草堂、程梦星的筱园、张世进的著老堂也是雅集的场所。

邗江雅集中的诗可以分成如下几类：季节气象类，如《冬日集畚经堂分咏》《微雪初晴集小玲珑山馆》《首春行庵小集分咏梅花事》《南庄野眺用东坡书王定国所藏烟江叠嶂图韵》《冬日集行庵分咏》；园林景物类，如《过玲珑山馆看玉兰花》《分咏行庵秋花》；诗社成员间迎来送往类，如《重九后二日樊榭至自武林，同人适有看菊之集，分韵共赋》《喜谢山至，因忆樊榭、董浦、薏田诸游好》《送陆茶坞归里》；观赏文物字画类，如《题方环山所藏明宁王画》《为寄舟上人题天池石壁图》《展重五集小玲珑山馆分赋钟馗画得踏雪图》；游记类，如《丁卯正月六日郊游用陶渊明（游斜川）韵》《霍家桥道中》《冬夜宿南庄》；社会生活类，如《分咏端午节物》《打麦词》《养蚕词》等。

1748年，马氏兄弟与诗友厉鹗、杭世骏、陈章、楼锜、闵华、陆钟辉等 9 人,游焦山三日,每人各赋诗数首,联句一首,结集为《焦山纪游集》。

1752 年,马氏兄弟与陈章、楼锜、闵华等人南游苏州,他们过惠山,历虎丘,俯寒泉,上灵岩,渡太湖,探石公、包山、林屋、缥缈峰、消夏湾,流连唱和,结集为《林屋唱酬录》。

诗人们游乐畅吟,感情深厚。1749 年,马氏兄弟因事牵连遭危难,仓皇北上,诗人们不知凶吉,陈章默默地祈求马氏兄弟平安归来,杭世骏独坐到天明。胡期恒有难,诗人们万分不安,他们在诗中写到"往事惊心叫断鸿""听到夜分惟掩泣"。小玲珑山馆的文人不是庸俗的风花雪月与无病呻吟,他们是一个关心世态炎凉的群体。有一首诗写道:

未论朱苻堪沽酒,赢得青山好著书。吉祥胸次最为宽,独寐忘言即考槃。

缀辑牙牌成雅韵,纵横玉子总门观。春生古柳当窗绿,月上平桥入座寒。

漫道地偏人迹少,强教栖息一枝安。

1732 年冬,诗人们在南斋作诗会,马曰琯与厉鹗各填词一阕,第二天书写在宣纸上,装裱好后,高翔以篆体字在封面上题"甜香新唱"。词的题名为《丁未暮春,佩分来游湖上,曾作五字诗奉赠,壬子秋,仆至邗,留寓小玲珑山馆,岁晚将归,复次前韵,志别,兼呈令兄秋玉》,词中有如下语句:

书至约已频,别来思易积,梦想蜀岗青,中有春明宅……
相见寻古欢,前尘空役役,君家山馆幽,短榻对虚白,名淡开襟宽，积卷堆坐窄，琴清共低徊，酒宴小浮拍……

诗中表达了高翔在小玲珑山馆与主人畅谈、读书、弹琴、饮酒的美好记忆。高翔与马曰琯同年庚，1742 年文化名流在小玲珑山馆举行诗会，高翔应邀到场，在这场诗会上高翔吟诗 120 首，全场惊叹。

陈章的诗句：“邗江诗社迭为宾，凭杖君抚大雅轮。”表达了他对以马氏做东的邗江诗社无限深情。

1743 年重阳节，行庵的雅集盛况空前。行庵在扬州北边，天宁寺西边，这是马曰琯兄弟建设的园林。园的西边有一片古树林，霾郁阴森，走到其中，不知东南西北。林中有一个寺庵，没有任何雕刻装饰，轩庭清凉自在。1743 年农历九月九日登高日，久雨天晴，风和日丽。马曰琯邀请各位诗人聚集在此。庵中悬挂画家仇英作的陶靖节画像，下面放着黄色的菊花，撒上白酒。诗会的主题是“人世难逢开口笑，菊花须插满头归”。诗人们分韵赋诗，大家你一首，我一首，一面咏唱，一面把酒，欢乐了一整天。一个月后，画家叶震初来，把参加集会的各个诗人的图像画在一张大纸上，方环山补画场景，此画题名《九日行庵文宴图》。画装潢好以后，在后面写上每个人作的诗，厉鹗作了一篇诗会文记。记文说明，图中坐在小凳子上的二人，右边蹬下来的是胡期恒，左边抱着膝盖的是唐建中；坐在大凳子上的二人，那个手中拿着信笺的是歙县人方士庶，左边那个仰首仿佛要说话的人是闵华；那个坐在藤墩上捻着胡须的人是全祖望；一个人倚着大石头而坐，若有所思的样子，那是张四科。树下二人，站在篱笆边手持菊花的是厉鹗，手插在袖筒里的是陈章；那个依靠着石床坐着弹琴的是扬州的程梦星；听琴的有三人，那个垂袖而立的是祁门人马曰璐，坐在瓷凳子上，左边靠着树的是歙县方士庹，翘着右脚的人是汪玉枢；两个对面坐着看书的人，左边的那个是祁门人马曰琯,右边的那个是吴江人王藻;一个站在右边观望的人是扬州陆钟辉;站在后面身体前倾着观望的人是歙县的洪振珂;种菊童子三人,一个童子侍立树间,一个童子撰杖,一个童子执卷。画中描述了这次雅会的场景,万古流芳。

"小玲珑山馆"的文学活动,有的以联句唱和而成。联句由两人以上开展,一人一句联咏而成。七言联句,人各一韵,韵必七字。联句活动起于汉代,盛于唐代与宋代。雍乾时期联句吟诗再掀高潮。如在马氏小玲珑山馆、程氏今有堂、张氏著老书堂都开展过联句活动。马氏等联句活动的主题有:马氏食鲥鱼联句,禹尚基五瑞图联句,看山楼雪月联句,五日席间咏嘉靖雕漆盘联句,寒夜石壁庵联句,壬申山馆上元联句,乙亥上元联句。具体内容举例二则:

"小玲珑山馆"外一首《甲戌上元联句》

高馆张灯酒复清(汪玉枢)	年光流转倍多情(马曰琯)
玉山雅会人如旧(张士进)	金谷遗音句早成(马曰璐)
无月也珍三五夜(陈　章)	当杯不计短长更(闵　华)
若为吹得浮云散(陆钟辉)	拟借春城管笛声(张四科)

——《沙河逸老小稿》卷6

这个联句八人参加,一人一句,上下衔接。联句要求合乎诗歌韵律,内容风格基本一致,词意贯串,情景交融。

又如《食鲥鱼联句》,八人联吟:

海鲜来四月(马曰琯),节物数江皋。风借东方便(厉鹗),湖乘上信豪。郭公啼雨早(王藻),楝子著花高。截水千丝网（马曰璐），缘流几叶舠。仓黄惜鳞鬣（陈章），咫尺失波涛。围围伤同队（闵华），喁喁怜尔曹。脊横堆翠甸（陆钟辉），尾帖卧银刀。得隽渔人喜（张四科），……身谋任所遭。抚时将竞渡（钟辉），按酒共离骚。剪烛西堂夜（张四科），争拈险语鏖（马曰琯）。

联句首、尾作者为同1人单句，其他每次每人2句，接前辟新。

有时文人也分韵唱和，如《松声以王子安"日落山水静为君起松声"分韵》，同集者10人，全祖望得"日"字，方士庹得"落"字，陈章得"山"字，马曰璐得"水"字，马曰琯得"静"字，陆钟辉得"为"字，厉鹗得"君"字，闵华得"起"字，王藻得"松"字，方士庶得"声"字。各人均依所得字韵作五律一首。

联句与分韵唱和是"小玲珑山馆"诸人诗歌创作的主要形式，群体创作，文人雅士欢聚一堂，德行才情，相耀生辉。

小玲珑山馆文学活动持续时间长，参加人数多，内容丰富。《邗江雅集》九卷收录692首诗歌，58次雅集活动，692人次参加。参加人数最多的一次为《消寒初集晚清轩分韵》，全祖望、厉鹗、胡期恒、唐建中、马曰琯、马曰璐、方士庶、王藻、方士庹、汪玉枢、陈章、闵华、陆钟辉、张四科和程梦星共17人分韵同咏。

养士以养心，文人们在小玲珑山馆吟诗作画，避免了朝廷的雷霆风雨。他们在温馨的氛围里相濡以沫，在这里沟通心灵，互倾衷怀。他们举行诗会，在园中设案、笔、砚、笺纸、诗韵、茶壶、果茶食。诗成发刻，遍送城中。邗江吟社的诗词汇集在《邗江雅集》12卷里，其中的名人，有称为"前五君"的胡期恒、唐建中、方士庶、厉樊榭、姚世钰，称为"后五君"的刘师恕、程梦星、马曰琯、全祖望、楼锜。他

39

们才情横溢，互相切磋，互相激励，迸发出绚丽的火花，绽放出豪放的人文精神。

邗江吟社的诗歌，像蜜一样沉浸在诗人群体中，显示了才子们的"性灵"与"肌理"。邗江诗人以诗社为公，寄意园林，兴来诗出，相互酬唱，愿者则来，兴尽而止。

邗江吟社的诗人来自各个阶层，他们中有平民陈章、姚世钰、陆锡畴、楼锜、闵华、方世举、朱稻孙；卸任官员全祖望、杭世骏、胡期恒、程梦星、符曾、陆钟辉、张四科、张世进；商人马曰琯兄弟、王藻、方士庶、方士杰；画家郑燮、金农、汪士慎、高凤翰、高翔、边寿民、陈撰；在任官员卢见曾。他们聚集在徽州商人私人园林里，饮茶、吟诗、赏花、赏画、赏雪、著书论说，形成文化群体，从各个不同的层面推动民间文化达到新高潮。

五　藏书、献书

小玲珑山馆有园林，也有藏书楼。马氏藏书楼的名称为"小玲珑山馆"，又一馆名"街南书屋"。马氏藏书百橱，有10余万卷。马氏兄弟爱藏书，特别是珍本、善本书。

马氏爱书，他买书、抄书。有时委托他人代为抄书。全祖望在京师内府看到《永乐大典》，他驰书告诉马氏兄弟。马氏兄弟立即问他，抄写这套书需要多少人？花费多少钱？显然马氏兄弟想得到这套丛书。全祖望很快罢官了，事情没有如愿，他仅为小玲珑山馆抄录了《永乐大典》中的几种书。全祖望南归途中经过扬州，马氏兄弟十分感谢。马氏又请他代抄天一阁的秘籍图书。马曰琯爱好图书，千方百计收集图书。马氏兄弟持之以恒的努力，使得小玲珑山馆藏书富甲大江南北，成为海内有名的藏书家，昆山徐乾学、秀水朱彝尊等人的藏书，不及马氏兄弟的小玲珑山馆。小玲珑山馆内藏有图书、碑版、书法、名画、金石、鼎彝、古玉、玩器。小玲珑山馆在马氏兄弟起居室的对面，其中高出的房屋是丛书楼。楼分前后两楹，马氏的丛书收藏在这里。马氏兄弟在丛书楼上的两个角落各放一个桌子，他们埋头看书，校勘图书，直到子夜时分，两个书桌上红色的蜡烛光还闪亮着，室内不时传出他们吟诗诵文的声音。马曰琯很担心他珍贵的图书以后会散出，他在诗中说："下规百弓地，上蓄千载文。他年亲散佚，惆怅岂无人？"

马氏藏书极富，藏画也极多，他常常举行书画展览。每逢端午节，他的堂斋轩室的各个门上，都挂一幅明朝以前的钟馗像，而且没有一幅画像雷同。由此可见小玲珑山馆收藏古书、古画品种的丰富。

现存最早的明代木活字印本《鹖冠子》，弘治年间版本，版心下刊署"碧云馆活字板"字样，为马裕家藏本，修《四库全书》时，两淮盐政李质颖送呈。此本半叶10行，行20字，白口，四周单边，版心下印有"弘治年""碧云馆"等字样。该版书只有这一个本子传世。《鹖冠子》一书，宋元旧本失传，传世的多为明刻本。李质颖送缴本《鹖冠子》，封面有四库馆收书长方朱印，印文："乾隆三十八年四月两淮盐政李质颖送到马裕家藏《鹖冠子》一部，计书壹本。"此为《四库全书》所收《鹖冠子》底本。此本有清高宗弘历题诗，袁克文跋。卷下有庄蕴宽题款一行。钤有乾隆御览之宝、澂斋收藏书画等印。此书现收藏在中国国家图书馆。

马曰璐编了一本《丛书楼书目》，这份书目展示了马氏藏书楼收藏了哪些书。马氏有"南斋秘籍"朱文长方印、"半查"白文方印、"臣璐私印"等藏书印章。

徽州儒商 >>>

丛书楼　（作者摄于扬州）

马氏的后人马裕，字元益，号话山，马曰璐的儿子，过继给兄长马曰琯为子。1773年四库馆征书，马曰琯已经过世十多年。马裕拿出小玲珑山馆藏书776种进呈朝廷。《四库全书总目》著录的马氏藏书373种5529卷，其中经部57种670卷，史部123种1658卷，子部43种731卷，集部150种2470卷。1774年，乾隆皇帝嘉奖进书数量多的前四人，马裕是其一。乾隆皇帝赏给马裕《古今图书集成》一部，马裕用10个书橱、520个匣珍藏，供奉厅中。皇帝题诗所进《鹖冠子》书，赐《平定伊犁得胜图》《平定金川得胜图》32幅，也藏在厅中。马氏得到皇帝嘉奖，感到荣幸。马氏兄弟没有固守藏书，他们广开园林，延纳四方好学人士。让文人学者来小玲珑山馆研读图书，探求学问，有人借书，马

42

氏兄弟也很乐意地借出。

乾嘉学派的代表人物惠栋曾经到小玲珑山馆阅读图书，惠栋在诗中说，小玲珑山馆藏书丰富，马曰琯兄弟慷慨地把书借给别人看。惠栋为纪念在小玲珑山馆借书之事，他把自己的住屋题为"借书楼"。全祖望说他南北往还，出入扬州，只要住在马氏家里，没有不借书的。小玲珑山馆向学者文士开放，支持他们的学术研究。著名学者惠栋、全祖望、厉鹗、陈章、陈撰、金农、姚世钰、高翔和汪士慎等人常在马氏书楼，他们在此考证书籍版本、订正讹误，匡正学术问题。

袁枚《扬州游马氏玲珑山馆感吊秋玉主人》的诗句说马氏兄弟："横陈图史常千架，供养文人过一生。"

古代图书因生产力低下，雕版慢，印数少，发行难，价格贵，不是富有家庭，很难积聚许多图书。马氏兄弟建设藏书楼，收藏大量图书，为天下学者服务，为文人们所敬仰。

六　编撰《宋诗纪事》

清人编撰的大型宋诗总集《宋诗纪事》，与雍乾年间江南丰富的私家藏书紧密相连。《宋诗纪事》征引书目有1030余种，范围涉及史、子、集等领域。参与编撰此书的人有厉鹗等76人。《宋诗纪事》100卷，共180万字。其中1~10卷为马曰琯与厉鹗同辑，10~20卷为马曰璐与厉鹗同辑。厉鹗在这以后又辑录《南宋院画录》8卷，及《辽史拾遗》。当时许多藏书楼，如扬州马氏小玲珑山馆、汪中的问礼堂、郑侠如的丛桂堂、江春康山的康山读书处、汪应庚的平山堂等，为编此书提供了丰富的资料。

学者的成就不仅有赖于藏书家,也有赖于藏书家的借钞与转购。《宋诗纪事》书中所引元代刘祁撰《归潜志》是小山堂抄本。此书原来没有全本。书林好友,瓶花斋、秋声馆、江声草堂主人把它补录完整,这是书林乐事。《宋诗纪事》编者使用了他们补录的版本。

吴焯瓶花斋藏书丰富,金志章诗曰:"楼居插架逾万签,五车四库皆能兼。丹黄一一手勘定,部分鳞次何精严。"《宋诗纪事》的编辑们在瓶花斋获得资料颇丰。厉鹗跋《乾道临安志》:《咸淳志》百卷原在马氏藏书楼,吴焯抄录,尚缺7卷;赵谷林购得其一半宋本卷册,非常珍贵。孙晴崖获《乾道临安志》,仅占全书的十分之二,而《咸淳志》宫阙、官署、城中桥梁、坊巷具存,职官始末都有,诸家藏书不如它。宋版《友林乙稿》、元版吴师道《吴礼部诗话》都是从马氏藏书楼获得的。厉鹗从吴焯瓶花斋抄录了很多的书籍。张伯淳《养蒙集》10卷本,其中文6卷,诗3卷,词1卷,系厉鹗钞校自吴焯瓶花斋。

《宋诗纪事》收录南宋群贤60余家诗,周春霭藏旧抄本《群贤小集》88卷64家。王渔洋的为28家,吴焯汇的为64家,马秋玉的为60家,各个版本不同。重刊《南宋群贤小集》时,鲍廷博跋语:南宋陈起编刻《江湖群贤小集》,借钞于振绮堂主人汪宪,后传入马氏小玲珑山馆,厉鹗在小玲珑山馆见到真迹。

厉鹗在扬州与汪柀、江欲效、计有功搜索资料编修《宋诗纪事》,汪柀等3人有事离去,编书工作中断。厉鹗与马曰琯兄弟商量此事怎么办?马曰琯帮他辑录资料,校勘图书,书编好后付梓雕版。《宋诗纪事》编刊蕴含着马氏的心血。厉鹗住马氏小玲珑山馆,阅读了很多宋版书,从诗话、说郛、山经、地志里搜索出很多资料。马氏小玲珑山馆收藏的旧书善本,古器名画,以及与马氏交好的藏书家的资料,为厉鹗编撰《宋诗纪事》《辽史拾遗》提供了良好的条件,厉氏编的这2本书被《四库全书》录入。商人马曰琯为当时的文化事业做出的贡献，人口皆碑。

除了文学，马曰琯还大力投资公益建设，如1734年，马曰琯独资建梅花书院，书院有门舍、祠堂、议门、上堂、讲堂、饭堂、园亭等。梅花书院由姚鼐、茅元铭、胡长龄等人为书院山长。书院授课的内容是八股诗赋，为科举考试服务。1809年，受业于梅花书院的洪莹参加科举考试，中了状元。

马曰琯身为盐商，他投入巨额建设私人园林。以私人园林为基地，收藏图书，刻印图书，向四库馆献书，组织邗江吟社，让文人画家住馆，给予他们研究与创作的良好条件。马氏兄弟积极为学者服务，他们自己也是著名学者，参与编辑大型文献《宋诗纪事》。这反映了马氏兄弟的经济能力、组织能力与学术能力。马氏兄弟爱文、爱书、爱才子。他们自己饱读诗书，是著名的藏书家、文献学家、校勘家、出版家。马氏兄弟的知识融会贯通，是知识服务专家。马曰琯是众多文人的主心骨，马曰琯的行为对于社会影响很大，他推动了扬州文化的发展，影响了全国的诗风，充分表现出儒商宏大的襟怀。

一般来说，商人往往精神空虚，而文人学者往往囊中空虚。商人资助文人学者，文人学者丰富商人的精神世界，这是一个很好的儒商互生现象，以及文化活动与商业经营互动的现象。商人资助了文化活动，文化活动增强了商业的拓展力，促进了社会文明的发展。

七　二马爱画

"扬州二马"喜爱收藏书画作品。马曰琯《沙河逸老小稿》中有许多题画诗。如《题方环山临董思翁摹赵吴兴鹊华秋色图》《题方南堂归山图》《秋日题郑板桥墨竹画幅》《题方邢鹤琴鹤送秋图》《题画次程洴江太史韵》《题汪蛟门先生少壮三好图》《题雅雨先生借书图》《题高南阜折柳图》《题汪友于思亲图》《程莼浦以抱琴携鹤图索题》《题王孟坚山居读礼图》《题方环山所藏明宁王画》《题纸窗竹屋图》《为寄舟上人题天池石壁图》《展重五集小玲珑山馆分赋钟馗画得踏雪图》《题赵子固画兰》等。

马曰璐《南斋集》中也有许多题画诗，如《题竹屋高丈蕉窗读易图》《题姚薏田莲花庄图》《题高南阜醉禅图》《题李营邱寒林鸦集图》《题徐幼文狮子林画册》《题西畴画》《题秋林读书图》《题汪敬亭君子堂图次韵》《题胡嘉令海滨图》《题吴汉延坐禅图》《题内人消夏图》《题具公松泉清听图》《题赵松雪墨梅》《题文待诏自写煮茶图》《题赵善长画杨铁崖吹笛图》《题袚江得荔图》《题晤言图》《题画四绝句》《题王廉州山庄雪霁图》《题渐江梅花古屋图》《重展行庵文宴图》《寒宵煮茶图》《奉题雅雨先生平山高会图》《题啸斋看松图》《题吴梅查疏泉图》等。

二马收藏书画，阮元文中有记载：《鹊华秋色图》是赵松雪为周公瑾画的。周公瑾本是济南人，后来迁入浙江，他要求赵松雪作图以寄乡思；同时张伯雨亦为周公瑾作图，配诗。马曰琯家里藏有赵松雪《鹊华秋色图》。

1743年,"扬州八怪"中的汪士慎、高翔合作,为马氏兄弟画了10幅梅花图,挂于马曰琯的竹床边,称作"梅花帐"。

马曰琯《秋日题郑板桥墨竹幅》诗:"如君落落似星辰,相见时当清露寒。赠我修篁何限意,两竿秋节一窗清。"

1744年,马曰璐50岁寿辰,华岩为其画像于扇头,配诗:"方水怀良玉,幽折韫清辉。蓄宝稀场世,犹复世弥知。君子懿文学,精理彻慧思。申言吐芳气,写物入逖微。川涌赴诸海,修鲸翻浪飞。郁云丽舒卷,飘色而赋奇。日华金照耀,月露香流丽。山筑玲珑馆,萝薜绿纷披。孝友敦昆弟,斑白欻殷依。青松倚茂竹,微雨新晴时。寿觞一以荐,慈颜启和怡。荣爵靡足好,欢乐诚如斯。鄙子拂枯翰,倾想幽人姿。唯惶厚秽累,且是复疑非。"

二马经常赠物给画家。金农说:"1743年春初,马氏在小玲珑山馆设宴招待友人。马曰琯拿出明朝马四娘画眉螺黛、太子坊纸、宋元古砚,赠送给友人。我得一块巨砚,质虽稍粗,很适用。老年得此,等于得一良友。"

八　供养文人过一生

马氏的园林,名流往来如车水马龙,著名学者全祖望、厉鹗、金农、郑板桥、陈章等人都是小玲珑山馆的常客。

徽商喜好书画,爱慕风雅,在他们周围集结了一批书画家。"扬州八怪"中的华岩、汪士慎、金农、高翔、郑板桥等人,经常在马氏兄弟的小玲珑山馆住馆、聚饮、赋诗、观画、赏花。

马曰琯的园林里养了很多才子。画家汪士慎长期住马氏书屋,有的文士住七峰草堂旁边的亭阁里。马曰琯诗《秋日见汪士慎》："交深卅载意绸缪，移住城隅小屋幽，风里寒蛩怜静夜，灯前白苎耐新秋，嗜茶定有茶经读，能画羞来画值酬，清骨向人殊落落，懒将岩电闪双眸。"马曰琯涓洁高风，与才子们交谊情深。

陈章、姚世钰、全祖望与张增，都曾经住在马曰琯园林里。马氏以兄弟般的情谊、朋友般的义气，与他们相处在一起。他们在这里与世无争，衣食无忧，互相探讨，共同研究，保育自己的天性，充分发挥出自己的特长，创造了新文化。

书法家蒋衡写的"淮东第一观"，两淮盐运使卢见曾一见，大加赞赏。总督高斌把它进呈给乾隆皇帝。乾隆皇帝赐蒋衡国子监学正，命将蒋衡的书法刻在190座石碑上，即"十三经"碑林，马曰璐花费几千两银子将它装潢。马氏结交文士，不吝金银，积极资助崭露头角的寒门士子。

厉鹗住于马曰琯小玲珑山馆数年，肆意探讨，所见宋人集最多，搜索诗话、说郛、山经、地志等书，编写了《宋诗纪事》100卷、《南宋院画录》8卷。马曰琯对他多方照顾，因他60岁尚未生子，马氏为他安排住宅纳妾。厉鹗回乡后亡故，马曰琯怀念他，设灵位烧香祭奠。

马曰琯邀请郑板桥到小玲珑山馆，谈诗论文。马曰琯得知郑板桥家境贫寒，债台高筑，来焦山躲债，马曰琯随即赠给郑板桥纹银200两，让他摆脱经济危机。郑板桥在马家住了一个多月后回到家里，发现自己家中房屋已经翻修一新，这时才恍然大悟，认识到马曰琯是当时的孟尝君。郑板桥为马氏画竹题诗："缩写修篁小扇中，一般落落有清风。墙东便是行庵竹，长向君家学画工。"郑板桥为马氏的小玲珑山馆撰书楹联："咬定几句有用书，可忘饮食；养成数竿新生竹，直似儿孙。"郑板桥的诗与楹联，表达了他对马曰琯的无限崇敬。

符葆森《寄心庵诗话》中说:"马嶰谷征君勤学好问,尤好客,夙儒名士,交满宇内。"长洲(今属苏州)楼锜年长未婚,马曰琯为他们择配成家。天门唐太史客游扬州时逝世,马曰琯为他安葬。全祖望身染恶疾,马曰琯聘请良医给他治病。姚世钰客死扬州,马氏兄弟不仅操办了他的丧事,还刊刻了他的遗著《莲花庄集》。石交谢世,马曰琯每年出资抚恤他的妻子和儿女。

马曰琯简直像一个学术界的自愿服务者,他提供学术资源、生活保障、安全保障、医疗保障、婚姻保障、家庭保障、人文环境、自然环境。马曰琯的园林就是学者创作的基地,一个万事无忧的学术温床。学者需要这样的环境。有些专门人才,只是在某一点有专长,他们没有时间与精力去应对复杂的社会环境。如果逼着他们适应了社会,他们独特的专长便会消失。马曰琯如同一个长者,把学者视如家人,关心他们,爱护他们,及时地解决他们生活方面的问题。他有这种财力,更重要的是他有这种道义精神。他把为文人服务当作自己的义务与乐趣,这是何等高尚的美德!

杭世骏为马曰琯撰写的墓志铭中这样评价马曰琯:"以济人利物为本怀,以设诚致行为实务。为粥以食江都之饿人,出粟以振镇江之昏垫。开扬城之沟渠而重腿不病,筑渔亭之孔道而担负称便。葺祠宇以收族,建书院以育才,设义渡以通往来,造救生船以拯覆溺。冬绵夏帐,椟死医羸,仁义所施,各当其厄。"阮元在《马半槎园林行乐肖像图》题跋:"扬州业盐者多,今求一如马君者,不可得矣!"并题诗:"玲珑山馆凝香尘,剩有丹青尚写真;万卷图书三径客,而今不复有斯人。"

马氏兄弟投资社会公益事业,开粥场赈饥荒,开沟渠排涝,建渔亭,为宗族建祠堂,建书院兴教育,在江面免费摆渡,设救生船,给穷人发放棉被帐子,给人安葬,免费发放医药。马氏兄弟为学者排忧解难，提供种种方便。各种人才在扬州二马优厚的条件支撑下，绽放出优秀的成果。

徽州商人马曰琯兄弟是人们敬佩的儒商，他俩有仁者之心、义者之举。所以徐灵胎在诗《洄溪道情》中说："黄昏时候，来人报道马曰琯归去，顿时泪如雨下，江淮并流。魄骇魂惊，凄风寒雨，痛失领袖与绝代风流。邗江渡口，多少公卿耆旧，骚人墨叟，一声声哭过扬州。"

马曰琯博学不穷，笃行不倦，幽居不淫，上通不困，美忠信，以和为贵，慕贤容众，瓦合诸方，宽裕待人，合于儒行。

参考文献

[1] 李斗. 扬州画舫录 [M]. 清代史料笔记丛刊，北京：中华书局，2004.

[2] 佶山. 两淮盐法志 [M]. 清嘉庆十一年（1806年）刻本.

[3] 马曰琯. 林屋唱酬录 [M]. 北京：中华书局，1985.

[4] 马曰琯. 沙河逸老小稿 [M]. 丛书集成初编，北京：中华书局，1985.

[5] 沈德潜. 韩江雅集 [M]. 扬州大学图书馆藏本.

[6] 程梦星. 今有堂诗后集 [M]. 济南：齐鲁书社，2001.

[7] 阮元. 淮海英灵传 [M]. 小琅嬛仙馆刻本，清嘉庆三年（1798年）.

[8] 阮元. 广陵诗事 [M]. 扬州：广陵书社，2005.

[9] 赵之璧. 平山堂图志 [M]. 扬州：广陵书社，2004.

[10] 方士庶. 天庸庵笔记 [M]. 北京：中华书局，1985.

[11] 袁枚. 随园诗话 [M]. 北京：人民文学出版社，1962.

[12] 全祖望. 鲒埼亭集 [M]. 姚江借树山房刻本, 清嘉庆九年 (1804年).

[13] 厉鹗. 樊榭山房文集 [M]. 北京: 商务印书馆, 1936.

[14] 马曰璐. 南斋集 [M]. 北京: 中华书局, 1985.

[15] 陈章. 孟晋斋诗集 [M]. 勤有书堂藏刻本, 清乾隆四十四年 (1779年).

[16] 张世进. 著老书堂集 [M]. 清乾隆刻本, 1998.

[17] 杭世骏. 道古堂全集 [M]. 振绮堂补刻乾隆本, 清光绪十四年 (1888年).

[18] 高晋, 等. 南巡盛典 [M]. 上海: 上海古籍出版社, 1989.

[19] 罗蔚文. 清代扬州大藏书家马曰琯 [J]. 扬州师范学院学报 (社会科学版), 1982 (z1).

[20] 罗蔚文. 山馆几经易主 玲珑奇石犹存 [J]. 扬州师院学报 (社会科学版), 1983 (3).

[21] 明光. 清代扬州"二马"家世考 [J]. 扬州大学学报 (人文社会科学版), 2007 (2).

[22] 明光. 论盐商诗人主导的邗江雅集 [J]. 扬州职业大学学报, 2016 (2).

[23] 严迪昌. 往事惊心叫断鸿——扬州马氏小玲珑山馆与雍、乾之际广陵文学集群 [J]. 文学遗产, 2002 (4).

[24] 方盛良. "小玲珑山馆"诗人群体考略 [J]. 安庆师范大学学报 (社会科学版), 2005 (1).

[25] 陆惠敏. 未算名家, 修然绝俗——"扬州二马"词作概论 [J]. 现代语文旬刊, 2016 (11).

[26] 蔡锦芳. 清代扬州风雅盐商马曰璐生卒年考 [J]. 中国典籍

与文化，2011（1）.

［27］汪崇筼. 清代徽州盐商的文化贡献之三：园林聚会［J］. 盐业史研究，2005（4）.

［28］王颖. 马曰璐卒年新证［J］. 古籍整理研究学刊，2010（5）.

［29］范学亮"莲社无缘列姓名"—商盘与"小玲珑山馆"［J］. 西安文理学院学报（社会科学版）2012，15（1）.

［30］梅媛. 二马与小玲珑山馆［J］. 全国商情（理论研究），2013（43）.

［31］王贤辉. 清朝大徽商马氏兄弟［J］. 产权导刊，2009（6）.

［32］王丽娟. 扬州"二马"文学活动研究［D］. 南京：扬州大学，2010.

爱闲反为校雠忙——鲍廷博

豆花棚下结书堂,秋到窗前引兴长。久住渐知耕凿趣,爱闲反为校雠忙。

偶烹野蔬如兼味,每借奇书润薄装。如此村居良不易,劝君何必羡衡阳。(衡阳,人名,旅游爱好者)

金德舆《过渌饮村居》

学者金德舆说,鲍廷博在风景迷人的地方建了一个藏书楼,秋高气爽,他读书的兴趣日益增高。这里是个读书妙境,鸡犬之声相闻,校雠图书十分得劲。获得奇书如吃佳肴一般,看书使人志高心亮。乡下村居实在好,胜过旅游者浪迹天下。

一 书香之家鲍氏

鲍廷博(1728—1814),字以文,号渌饮,祖籍安徽歙县长塘村。鲍廷博的祖父鲍贵在杭州从事冶炼业,他在杭州成家,以后经营盐业,致富。

　　鲍贵家里收藏文献很多，仅两宋图书就有300多种。鲍贵爱读书学习，有儒士风度。鲍贵对儿子鲍思诩寄予很大期望，他要求儿子好好读书学习，功名及第，光宗耀祖。鲍思诩没有实现其父的愿望，屡试不中，无奈只好继承家业经商。鲍思诩与其父一样喜爱读书，酷爱文化。他经商时，诗书不离身。鲍思诩的儿子鲍廷博，学习勤奋，善于吟诗。鲍廷博参加几次科举考试，都未如愿，于是打消了中举做官的念头，决定继承祖业经商。

　　鲍廷博是鲍氏家族迁居杭州的第三代人，可是鲍廷博在文稿中习惯于称自己是徽州歙县人。《歙县志》《杭州府志》《嘉兴府志》《乌程县志》《桐乡县志》《乌镇志》均有记述鲍廷博的文章，浙江地方志记载鲍廷博的频率大于徽州的地方志。人们看到的鲍氏署名多为："歙鲍廷博""歙西长塘鲍氏"。鲍廷博以藏书、献书、刻书闻名，但是他的生活来源依靠的是经商，所以我们说鲍廷博是徽商。

二　鲍廷博的知不足斋

　　鲍廷博的祖父、父亲都爱好读书，他们家自然就收集了很多图书，而且有很多好书。鲍廷博对父亲很孝顺，父亲喜欢读书，鲍廷博就在各地购买图书以满足父亲的需求。乾隆、嘉庆年间，大江南北，嘉兴、吴兴等地，民间藏书楼密布，书店、刻书坊林立，书业生意兴隆。杭州富庶，读书、卖书、买书的人很多。这为鲍廷博搜寻图书提供了方便。鲍廷博一发现好书，就不惜重金购入。日积月累，鲍廷博收藏的图书称雄一方，成了全国知名的大藏书家。鲍廷博爱藏书，也爱读书。鲍廷博有过目不忘的本领，书商把书运到他家门口，凡是他见过的书籍，能一口气说出某本书的版本特征，某卷、某页的错别字。有人不相信，拿着书当面试探他。他不用翻阅图书，只要看看古书的板口，就能回答出该书的作者是谁，哪个年代、哪个书坊的版本，以及该卷书哪页有什么错别字，且都准确无误。鲍廷博是个令人叹服的奇才。

鲍廷博的藏书楼名为"知不足斋"，斋名选自《大戴礼记》："学然后知不足。"鲍廷博以这个楼名激励自己发奋读书。嘉庆皇帝的皇宫内府书室的题名也是"知不足斋"。有人上书控告鲍廷博，指责他的藏书楼名与嘉庆皇帝的书斋名相同，有大不敬之嫌。嘉庆皇帝却说，他的"斋名沿鲍氏"，由此可见鲍廷博在天下的名分了。

鲍廷博藏书楼藏书丰富，他的图书主要来自三个方面：一是购买进来的；二是传阅抄写的；三是官方或朋友赠送的。鲍廷博数代经营盐业，积累了大量资金，因此他有条件大量购买图书，譬如江浙地区知名藏书家流散在外的宋版书、元版书。古代藏书家重视图书的版本，知不足斋以收藏天下的宋版书、元版书、写本书为主，尤其注重收藏宋代善本书。书商深知客户鲍廷博爱书，只要有了古代的抄本、刻本、稀见本，就用一条小船送到乌镇杨树湾，先满足鲍廷博的需求。京津地区的书商，则把书邮寄给鲍廷博。鲍廷博见有好书必买。

鲍廷博原居在杭州睦亲坊，这是宋代著名图书销售商陈起的旧居。鲍廷博父母离世后，1784年他搬迁到离杭州不远的桐乡县青镇杨树湾（今名杨树浜），建造藏书楼寓居。他从57岁到87岁，31年住居在杨树湾。杨树湾是个读书治学的好地方。魏之琇在《鲍以文移居桐溪》诗里说："桐溪水流滔滔，船只来往频繁，河里荷花朵朵，装载图书的船常来这里售书。"这大概就是鲍廷博丰富其藏书的渠道之一。鲍氏藏书楼建在这个偏僻安静的地方，避开了许多尘俗庸事，使得他有较多的时间用于读书著述。

鲍廷博常与浙江著名的藏书家交往，他们在自己或友人的藏书楼看书、抄书、校书，谈天说地。鲍廷博常去的著名的藏书楼有赵昱、赵信兄弟的"小山堂"，吴焯的"瓶花斋"，汪启淑的"飞鸿堂"，孙宗濂的"寿松堂"，郑性的"二老阁"和金檀的"桐花馆"。鲍廷博在别人藏书楼看到好书，就会爱不释手。可惜古代没有复印技术，他就夜以继日地抄写图书。抄书是古代人获得图书的一个重要来源，抄书是鲍廷博丰富其藏书的渠道之二。鲍廷博以收藏古籍为生平乐事，经过多年的努力，他的藏书颇具规模，仅宋版书就达到300余种。鲍廷博的赐书堂收藏有皇帝赐给他的大型类书《古今图书集成》，这是一般人没有的书。

鲍廷博藏书既有数量，又有质量。《清代目录提要》的《知不足斋宋元文集书目》里说，鲍廷博所收藏的唐、宋、元人文集共400多种。其中唐人文集16种，宋人文集338种，南宋人小集60种，金元人文集138种，宋元人总集8种。这些在今天都是价值连城的好书。

知不足斋的有些善本书是他亲手抄来的。如南宋地方志《咸淳临安志》，书以《乾道临安志》《淳祐临安志》为基础，通过抄录增补成100卷。书中有城、府、江、湖、府治、县境、山川等地图，引用宋代的资料，这是经过多个藏书家的藏书补全的资料。鲍廷博搜补了该书宋刊本的第65卷和第66卷两卷，即现存的95卷本。鲍廷博抄录的《咸淳临安志》为历代学者所喜爱。

鲍廷博抄录的《南宋群贤小集》，是研究南宋江湖诗派的书，此书28册，也是学术界的珍宝。1801年，鲍廷博描述该书的传录过程：曹楝亭—郎温勤—石仓—厉鹗—马曰琯—钱景开—汪雪礓。鲍廷博于1761年春在钱景开处抄得此书。然后请善书手抄写，严昆季、潘德园、郝潜亭等人帮助他校勘此书。为出版此书鲍廷博共用了40年时间。

鲍廷博知不足斋的藏书钤有几十种藏书印，如"歙西长塘鲍氏知不足斋藏书印""老屋三间赐书万卷""世守陈编之家""一生勤苦书千卷""黄金散尽为收书""好书堆案转甘贫""奇书无价""知不足斋鲍以文藏书""遗稿天留""黄金散尽为藏书""天都鲍氏困学斋图籍""生长湖山间""困学斋主人心赏""镫味轩""老眼向书明""通介叟""阶庭横古今""御赐清爱堂"等。这些藏书印表达了一个藏书家的爱好、情感、操守与价值观。

鲍廷博一生爱书，可是他在有生之年没有保住自己的图书。他刻《知不足斋丛书》，入不敷出，他曾经将宋版书、元版书卖给黄丕烈的士礼居、汪士钟的艺芸书舍。1791年冬，杭州发生水灾，鲍廷博一部分藏书被毁。以后，鲍廷博的儿孙将知不足斋收藏的抄校本书卖给了仁和藏书家劳格、归安藏书家陆心源、杭州藏书家丁丙。《古今图书集成》是皇帝赐给的，鲍廷博子孙不敢变卖。1880年，浙江修复文澜阁后，鲍廷博曾孙鲍寅把《古今图书集成》捐献给了文澜阁。从此知不足斋藏书就销声匿迹了。

鲍氏藏书，如果从鲍廷博之父算起，到1880年鲍寅将御赐的《古今图书集成》捐献给文澜阁为止，共六代人。长塘鲍氏应是六世藏书之家。

三 鲍士恭献书

1772年，乾隆皇帝决定纂修《四库全书》。乾隆三十八年（1773）三月二十六日，浙江巡抚三宝上奏说：杭州鲍士恭、吴玉墀、汪启淑、孙仰曾、汪汝瑮是人们公认的藏书家，小山堂的藏书也不少。经过浙江官员访问劝说开导，鲍士恭深深理解纂修《四库全书》的意义，表示盛世修典，是文化人的喜事，愿意呈献好书，供四库馆选用。

乾隆三十八年（1773）四月，乾隆皇帝给三宝下达圣旨：所有进献书籍，《四库全书》修好以后，发还给图书的原主收藏，令巡抚三宝把朝廷的旨意传达给诸位藏书家。

鲍廷博的儿子鲍士恭遵旨，选出家中收藏的善本书、稀有书呈送给朝廷。浙江巡抚三宝在呈送图书给清廷的奏章中说，浙江藏书家呈送了很多优秀的图书，经工作人员仔细查阅，把通用性图书与复本量较大的图书剔除，把高质量的图书呈交给四库馆。浙江是藏书家最多的省份，也是呈交图书的数量最多的省份，省内为四库馆呈送图书较多的有：鲍士恭 626 种，汪启淑 525 种，吴玉墀 305 种，孙仰曾 231 种，汪汝瑮 219 种，共 1905 种。这些数据见于《浙江巡抚三宝奏鲍士恭等五家呈献遗书等事折》。5 个献书大户，鲍氏排名第一。鲍士恭是鲍廷博的儿子，在向朝廷呈送图书之际，献书活动把鲍廷博的儿子推向了社会。

时年 45 岁的鲍廷博吩咐儿子鲍士恭向四库馆呈交了家藏优秀图书，这些书多为宋元孤本或善本；鲍廷博所进图书多数是经过校雠的，书中饱含鲍廷博的心血，所以四库馆在处理鲍氏书籍时，连同鲍廷博的校记、识语等一起收录了。

鲍廷博献书 626 种，据《四库全书总目》我们知道，《进呈书目》比鲍廷博实际所献图书少了 91 种。这 91 种图书包括经部 3 种、史部 12 种、子部 74 种、集部 2 种，即现代人可从《四库全书总目》中检索到鲍氏进呈的图书为 717 种。

四库馆进书 12237 种，《四库全书》收录 3503 种，收录图书与呈送图书之比不到 1/4。《四库底本来源表》记载，鲍士恭进呈的图书，《四库全书》著录了 250 种，纳入存目的 129 种，共为 379 种。鲍士恭进书，朝廷采用最多的是书画类，共31种，小说杂事类15种。根据电子版《四库全书》检索，鲍士恭进呈图书实际为717种，《四库全书》采用了379种，采用与进呈数的比为53%；这表明了鲍士恭进呈的是优质图书，也表明了知不足斋藏书的质量很好。

鲍廷博因献书有功，得到了乾隆皇帝的褒奖。乾隆皇帝赐予他内府编纂印刷的大型类书《古今图书集成》一部，《平定伊犁得胜图》《平定两金川战图》各一幅。《四库全书》编纂工作结束以后，朝廷将民间呈送的图书归还原主。乾隆皇帝在鲍廷博呈送的图书《唐阙史》《宋仁宗武经总要》上面题了诗。

乾隆皇帝在《唐阙史》上写的诗是："知不足斋奚不足，渴求书籍是贤乎。长编大部都庋阁，小说卮言亦入厨。"该诗的意思是，鲍廷博的知不足斋藏书丰富，他是一个求知如渴的高尚人士，知不足斋收藏大型图书，也收藏人们所鄙视的小说逸事类图书，鲍廷博真是一个地道的文化人。

乾隆皇帝给平民百姓写诗，这是读书人莫大的恩荣。鲍廷博无限感激，特筑三间屋宇，起名"赐书堂"，把《古今图书集成》分贮四大橱，存放其中。鲍廷博请学者翁广平写了《赐书堂记》，并且把《赐书堂记》刊于《听莺居文抄》，以示他对乾隆皇帝恩荣的感激之情。

四　知不足斋丛书

明清时期江南富户爱藏书，也爱刻书。徽商兴起以后，徽州刻书非常昌盛。徽州的家刻喜欢刻印家谱、科举教育书、宗教劝善类图书，徽州的坊刻刻印科举教辅资料、戏曲、医书、小说、逸闻类图书。

徽州商人中很多是儒士，他们发了财，注重文化投资，喜爱藏书、刻书。鲍廷博为弘扬道义，刻了很多好书。

知不足斋丛书

1745年，鲍廷博以花韵轩名义刻了冯普的《古今姓汇》，这是鲍廷博刻的第一本书。姓氏的书写与认读，是社会交往中常用的必备知识。鲍廷博刻《古今姓汇》，便于姓氏知识的普及，是社会最基础的应用书。

《聊斋志异》是蒲松龄的著作，蒲松龄及其后裔无力刻印，民间传抄很广。民间的传抄本，各家篇卷差异较大。现在可以见到的有以下几种版本：半部手稿本（辽宁省图书馆藏），手稿影印本，赵起杲刻《聊斋志异》抄本，康熙抄本（残）（山东博物馆藏），历城张氏铸雪斋抄本（北京大学图书馆），二十四卷抄本，黄炎熙选抄本，清初抄本《异史》，青柯亭刻本（山东省图书馆等藏）。

乾隆三十一年（1766），山东莱阳人赵起杲刻印青柯亭刻本，书稿原是福建藏书家郑荔芗的后裔收藏的，以后落入赵家。赵起杲官浙江睦州州判，他采集了郑方坤（字荔芗）、周季等人收藏的抄本，刻印中间赵氏病故，其弟邀鲍廷博继续刻印，始成此书。鲍廷博雕版印刷的《聊斋志异》是现存最早的刊本，赵氏刻印的底本为16卷，鲍廷博经过选辑分为12卷，收文425篇（比铸雪斋本少49篇，可补其缺者5篇），青柯亭刻本前后经过几次修改翻刻，也有几种不同的本子。

鲍廷博为《四库全书》献书获得乾隆皇帝赏赐后，他想在书业领域做出更大贡献，决定刊刻一套大型丛书——《知不足斋丛书》。

《知不足斋丛书》共30集，收古书207种781卷。该丛书收集了200余种善本、稀见本图书，为天下学术界所称誉。1776—1823年，鲍廷博刻完了26集，后面4集为其子鲍士恭、孙鲍正言续成，祖孙3代历经50年，刻印完这套丛书。私人刊印如此这般的大型丛书，在排版、校勘与资金方面，投入可谓浩大。

《知不足斋丛书》以刊印鲍家自己收藏的珍本、善本书为主，注重吸纳社会优秀图书。鲍廷博刻印《知不足斋丛书》的目的，主要是：

1. 使遗存很少的珍本、善本书广泛传播，为人们阅读这些图书提供方便。

2. 有些历史传承下来的书，残缺不全，通过重新刻印，补齐书中缺失的页码与章节，并将书中的错字、漏字以及编排错误进行校订，使书更加完善。

3. 帮助穷困的学者，刻印他们的力作。

4. 某些人家藏有好书，愿意雕版印刷的，可以收入该丛书。

鲍廷博刻的《知不足斋丛书》刻印精品书，他在丛书卷首凡例中说：该丛书不以经、史、子类书为主，因为这些书传世的版本很多。《知不足斋丛书》主要选那些世上少见的，有益于人们正确理解与研究的经书，对正史有补益的书，有实用价值的书。广为人们所吟诵的小说、诗歌，鲍廷博将它刻成单行本发行，不收在《知不足斋丛书》中。《知不足斋丛书》刻印藏书家传抄而没有出版的书，未刊行的名人作品，以及关于文人的风雅遗事和阐述各种学术观点的书。鲍廷博刻印稀见抄本、篇幅较小的图书，因为这样的书如果不纳入丛书中，会在历史的长河中消失。鲍廷博说，"凡可以信今而传后者，付之梓"。一言道出了鲍廷博勇于担道义的襟怀。

鲍廷博在《知不足斋丛书》序言中写道：因为自己的力量有限，不能把天下的好书全部访求到手，古书在流传过程中，多数消失了。……高雅的人士，如果家中藏书丰富，其中有可以补全、补正《知不足斋丛书》的，请采取各种方法告诉我，让我刻印出一套称心如意的《知不足斋丛书》。这样可以传承前人的学问，有益于后生的读书与学习，为天下读书人服务。

1815年，《知不足斋丛书》前24集刊印完毕发行，社会反应良好。丛书传入皇宫内，又一次有人非议"知不足斋"，指责鲍氏丛书名与内府的"知不足斋"同名。嘉庆皇帝传旨安抚鲍氏说：君民都可以有"知不足斋"，杜绝了那些奸臣贼子的诽谤，嘉庆皇帝鼓励鲍廷博继续刻印《知不足斋丛书》。

鲍廷博从1776年开始，到1814年去世，他后半生近40年倾尽家财刻书，无怨无悔，持之以恒，引起清廷关注。1813年，浙江巡抚方受畴向鲍廷博传达皇帝旨意，询问《知不足斋丛书》刊刻情况。鲍廷博在原来已经进呈丛书24集的基础上，再次进呈丛书第25、26集。嘉庆皇帝十分欣慰，褒奖年过80的鲍廷博，称赞他好古积学，老而不倦。嘉庆皇帝赐给一生科考不兴的鲍廷博"举人"头衔，鲍廷博当时年龄为86岁。进士、举人在封建社会关系到个人功名与门廷荣耀，鲍廷博感激万分。嘉庆皇帝赐给鲍廷博"举人"，旨在鼓励人们读书，鼓励社会建设书香家庭。

《知不足斋丛书》选入的207种书籍，皆元代及元以前的图书，其中宋版书122种，有些是世上罕见的图书。如：

《斜川集》，苏轼的儿子苏过著，南宋以后失传。元末以后民间有伪造本流行。1669年，传闻有书商标价200多两银子出售此书，其实没有人见过这本书，藏书家出高价也买不到这本书。1781年，翁方纲在纪念苏东坡的文人集会上，展出了从《永乐大典》辑出的《斜川集》。赵怀玉在这里意想不到地见到了600多年以前的图书，十分高兴，他连夜抄写，编为6卷。鲍廷博如获至宝，将它刊行于《知不足斋丛书》第26集。鲍廷博收入的《斜川集》，还原了《竹友集》《龙川集》2书本来的面目。法式善总纂《全唐文》时，检校《永乐大典》，得到苏过遗诗53首，文15篇，鲍廷博把它汇编在《斜川集补遗》里。鲍廷博通过刻印丛书，使《斜川集》一书获得再生。

《伯牙琴》，南宋邓牧著。《四库全书》中的《伯牙琴》有文章24篇，无诗歌。鲍廷博《知不足斋丛书》第11集《伯牙琴》一书，增收了邓牧文章5篇（共29篇），增补诗歌13首。鲍廷博刻《知不足斋丛书》，完善了《伯牙琴》的内容，纠正了《伯牙琴》的谬误。鲍廷博做了学术界最基础性的工作。

鲍廷博从1745年至1814年，藏书、刻书近70年。他除了刻《知不足斋丛书》，还刻有单行本《庚子销夏记》《湖山类稿》《水云词》《陶说》《名医类案》《岭云诗抄》《柳州遗稿》《笠芸诗瓢》《聊斋志异》《清河书画舫》《读画斋丛书》，以及《振绮堂汪氏丛刻》残本《鲍刻六种》等。

鲍廷博将《知不足斋丛书》刻到第 26 集时病逝。他的儿子鲍士恭、孙子鲍正言，继承父、祖业，将《知不足斋丛书》30 集刊刻完毕。以后高承勋刻印了《续知不足斋丛书》，佚名人刻《仿知不足斋丛书》，常熟鲍廷爵刻印了《后知不足斋丛书》。这些都是《知不足斋丛书》的发展与延续。鲍廷博刊刻的图书，多为宋元善本、珍本，精刻精校、纸墨优良精美，有艺术鉴赏价值。

卢文弨说，编刻《知不足斋丛书》的人，必须熟悉群书，实力雄厚。鲍廷博选书精雅，不计成本，内容完整，校雠认真，让著者精神有所寄，将前人的智慧传给后人。

鲍廷博刻印的图书，许多是海内孤本、善本。他刻的书列入中国国家图书馆馆藏善本的有《陆放翁剑南诗稿》，辑抄本有《群贤小集补遗》（《南宋群贤小集》）、《知不足斋辑录宋辑补遗》11 种、《南宋八大家》10 种。

鲍廷博的《知不足斋丛书》保存了一大批优秀的历史文献，如桑世昌《兰亭考》、俞松《兰亭续考》、程敏政《宋遗民录》、钱大昕《修唐书史臣表》、洪遵《翰苑选事》、岳珂《愧郯录》、吴可《藏海诗话》、江瓘《名医类案》等书。鲍廷博对入选《知不足斋丛书》的选本写了题跋，言明该书来源、校勘经过、版本特点、学术渊源。

五　校勘图书

古代文字复杂，繁体字、异体字、通假字、转注字、地方语音字以及个人生造的字很多，且行文中无标点，这给阅读带来很大的困难。古代活字印刷的书很少，但雕版印刷的书很多。雕版印刷费用昂贵，所以很多文献是手抄本。无论雕版，还是抄书，错字、别字、漏字、改字、异体字的现象屡屡发生。鲍廷博收藏图书，讲究质量。他对图书细究细校，去伪存真，努力提高图书的质量。

鲍廷博校勘图书，常用几个不同的版本相互参照。他注重事实，经过比较以后选用最佳方案，不妄改他人文字。如果有2种选择，他作注说明。词义相近的，他保留不动。对于可疑而没有依据的，他在文字的下面附注按语，不随意删改一字。

当时的学者朱文藻说，鲍廷博一书在手，校对勘误，废寝忘食，一字之疑，一行之缺，广征博引，询问左右，反复推敲。每当难题解决了，他便欣喜若狂；如果解决不了，他日夜沉思，探索不已。卢文弨在《徽刻古今名人著作疏》中说："吾友鲍廷博，笃好书籍，把人世间一切宝贵利益置之度外，他不把秘籍视作私有，而欲公之。他晨书暝写，句核字雠。"

鲍廷博校书呕心沥血，一丝不苟。他努力不使图书有错误而贻误后世。鲍廷博搜寻各种版本，进行校勘，正讹补缺，书写题跋。经他校勘的图书很少有差错。某些专业类图书，鲍廷博邀请一些专家来为他校勘。如请史学家钱大昕兄弟校《后汉书年表》，请医学家魏之琇校《名医类案》，请算学家丁传校《五曹算经》，请天文学家李锐校《测圆海镜细草》。鲍廷博请卢文弨校勘丛书第七集《游宦纪闻》，其《稗海》第4卷刻本有许多错误，还有一些脱文，卢文弨从知不足斋借得旧抄本参阅校勘，使书籍变得完善。这样鲍廷博校勘的图书获得了"无一讹字"的美誉。

宋代孙奕的《履斋示儿编》，明代潘方凯重刻，没有认真校雠，错误很多。鲍廷博请卢文弨、孙志祖校勘以后，又请徐鳗、钱馥提意见，再请顾广圻根据姚舜咨的手钞本校勘，使得该书面貌一新。陈鹄的《耆旧续闻》，藏书家互相传钞，漏字、错字很多。鲍廷博家藏中有该书的两个版本，他又从丁杰、吴翌凤处借得两个钞本，相互校勘，然后刻入《丛书》。

鲍廷博手校张奕枢本《白石道人歌曲》，毛晋刻《宋六十名家词》中的《白石词》有词34首，他从《花庵词选》中辑出1714年刻的《白石词》，该集收词57首，此书误收他人11首词署名为姜词（姜夔，宋代词人）。雍正末年至乾隆初年，张奕枢发现元代陶宗仪传抄的姜词古本，陶宗仪依据1202年钱希武刻本《白石道人歌曲》6卷、《别集》1卷抄本，这个姜夔抄的本子收词84首，是完整本。张奕枢本《白石道人歌曲》，用纸、刻、印精美，张奕枢作序，鲍廷博分别用墨笔、朱笔、黄笔批校圈点，增改圈点，加有校语。其第1卷后面有字："大关唐氏怡葡堂收藏秘籍，鲍渌饮手校本。"封面有隶书"白石道人歌曲"，下有小字"鲍渌饮精校本，怡葡堂藏"。鲍廷博对于《姜白石集》中的错误没有改动，书中共有鲍廷博校语215处。唐百川补校了两处，全书校语总计217处。

对这本书的批校题识在1783年，当年鲍廷博56岁，住在乌镇杨树湾，这一年他校勘了《碧溪诗话》《金楼子》等8种书。鲍廷博刻印校勘图书，无论严寒酷暑，舟行步履，夜间休息，偶有所得，即时记下，往往一夜起床三四次动笔记事。

鲍氏校书，每改动一字，都把值得怀疑的地方批写在书中，其是非让后人判断。

知不足斋本《南宋院画录》，鲍廷博引用了《宝绘录》的资料，学界及四库馆臣认为《宝绘录》资料来源不可靠，贻误后世。《南宋院画录》现存版本有：1763年鲍氏知不足斋抄本，《四库全书》本，《武林掌故丛编》本，中央民族大学图书馆清抄本。

国家图书馆藏知不足斋抄本《南宋院画录》4册，厉鹗在小玲珑山馆撰，书上钤有"涵芬楼藏"印，卷后有"乾隆癸未秋从樊榭山房稿本清出"字样。鲍廷博在跋文中指出：樊榭先生抄书，往往任意删削，此书所引《六研斋笔记》《宝绘录》，是重抄本，必须核对原书，不可草率。有的文人著书粗疏，或冒名，或篡改。鲍廷博在《南宋院画录》题跋中指出厉鹗征引了《宝绘录》的资料，也指出《南宋院画录》资料不可靠，显示出鲍廷博校书的认真负责精神。

1756年，鲍廷博从郁礼的藏书楼抄写了汪立名抄本《松窗百说》。1803年，鲍廷博将它刻入《知不足斋丛书》第22集。在47年时间里，鲍廷博四度校勘此书方才定稿。

1777年，鲍廷博从汪启淑飞鸿堂传抄了《鉴诫录》，他以金氏桐花馆藏本、程世铨藏宋刻本、赵怀玉家藏本，用3个版本校对《鉴诫录》，把书中的错字改正了，漏字补上了，这充分说明了鲍廷博为万世千秋负责任的意识。

我国现存的古代丛书中，优秀的丛书有鲍廷博刻《知不足斋丛书》、阮元刻《皇清经解》、卢文弨刻《抱经堂丛书》、黄丕烈刻《士礼居丛书》、黎庶昌刻《古逸丛书》等，其中《知不足斋丛书》值我们收藏与鉴赏。

清代学者洪亮吉说:"藏书有数等,第一,推求书的本原,把书中的错误纠正过来,如钱大昕、戴震,我们称他们为'考订家'。第二,根据各种版本把书中的错别字、漏掉的字,用小字注明,如卢文弨、翁方纲,我们称他们为'校雠家'。第三,收集各种版本,补充石室金匮不全的版本,让学者文士阅读学习,如范氏天一阁、钱塘吴氏瓶花斋、昆山徐氏传是楼,我们称他们为'收藏家'。第四,重视精本、宋版书,刻书年月十分清楚,如吴门黄丕烈、乌镇鲍廷博等人,我们称他们为'鉴赏家'。第五,某藏书家不能守护藏书,贱价出售。有钱人趁机购买,一眼能分辨出闽本、蜀本、宋版、元版,如苏州的钱景开、陶五柳,我们称他们为'书商'。"洪亮吉把鲍廷博与黄丕烈归为同一类藏书家,鲍廷博被划在图书收藏、校勘与鉴赏高级专家之列。

鲍氏一生写下了数百种书的题跋,内容涉及作者身世、家世、书名、卷数、著述得失、版本源流、递藏原委以及文人交谊、书林掌故等。题跋是版本目录学中的经典之作,鲍氏的题跋是文学中的宝贵资料。

六 服务学术 流播艺林

鲍廷博出身商人世家,乾嘉盛世,殷富商人士大夫建设园林,广开诗社,蓄积图书,积极为《四库全书》献书,辨章学术,考镜源流,提供学术环境。鲍廷博等商人为人淳朴文雅,恬淡宽厚,笃信友谊,有良好的社会形象与声望。鲍廷博广为学者赞誉,主要表现在以下10个方面。

（一）珍爱他人精神性命

鲍廷博是商人，藏书、刻书是他个人的爱好。刊刻卷帙浩大的《知不足斋丛书》需要很多钱，那时的雕版印刷图书的成本比现在高好多倍。刻印一套由207种图书组成的丛书，需要大量的资金支持。鲍廷博家传的商业，积累了大量的资金，鲍廷博为了刻印《知不足斋丛书》，耗尽了祖上所有的积累资产。他的朋友和某些豪绅，为成就鲍廷博刻书，给予了一定的资助。鲍廷博认为把资金用于为他人刻印优秀图书，就是珍爱他人的精神性命，这样做值得。

鲍廷博认为著作文章是知识信息，知识信息等于人的精神性命。尊重知识，尊重人才，爱护他人精神性命，是应有的美德。鲍廷博认为物有聚必有散，图书也是这样。鲍廷博要以刻印书，传播金玉玑见，达到保存文化、保存图书的目的。刻印图书，以散为聚，让他人精神性命得以传承。鲍廷博的这个观点得到了天下文士的共鸣。阮元赞扬鲍廷博："清名即是长生诀，当世应无未见书。何处见君常觅句，小阑干外夕阳疏。"

（二）克己为人

朱文藻与鲍廷博长期相处在一起，是书业同甘共苦的人。在10余年时间里，鲍廷博常来朱文藻的振绮堂借书、抄书。鲍廷博刻印书，经常委托朱文藻点校图书。朱文藻看到鲍廷博的财力越来越紧张，生活也越来越拮据，积蓄的资金快用完了，原来打算刊刻的《丁鹤年诗集》与他自己的诗作《花韵轩咏物诗存》，未能付梓。鲍廷博为他人刻印图书，付出了自己的一切。

（三）广交朋友

1819年闰四月，常熟人张金吾与黄廷鉴乘舟到桐乡乌镇鲍氏知不足斋,查阅《古今图书集成》(乾隆皇帝赠送的)。他们看到鲍廷博的住处,绿水环绕,青山环抱,桑树竹林,郁郁葱葱,是一个读书的好地方。鲍廷博的老朋友汪辉祖、吴骞、方薰、赵怀玉等人常来探访,鲍廷博也常到他们那里去。鲍廷博还常去苏州、海宁会晤藏书家黄丕烈、吴翌凤、袁廷梼、钮树玉等人。鲍廷博广交天下名人,如阮元、顾广圻、孙志祖、赵怀玉、戴光曾、卢文弨、钱大昕、朱文藻、翁广平、顾修、金德舆、厉鹗、郁礼。鲍廷博不慕功名富贵,他积极参与他们开展的各种文化活动。

鲍廷博在《庶斋老学丛谈》的跋语中,介绍了他与郁礼的交往。他说郁礼儒雅,有古风,他俩往来频繁。郁礼每次来到知不足斋,必从家里带来一本书,也必从知不足斋借回一本书。寒暑风雨,从不间断。郁礼有藏书楼"东啸轩"。藏书楼前有明万历年间种植的梅树两棵,茂密的树叶,夏天如同伞一样遮住藏书楼的阳光。藏书楼内有万轴挂满牙签的图书。郁礼邀鲍廷博住在"东啸轩"中。有时郁礼拿出著名的书法名画,请鲍廷博评品鉴赏。有时郁礼在书架上抽一册书与鲍廷博共同研读。鲍廷博与郁礼一起聊天、赋诗、品茶。梅花开时,更深月下,他们两个学者在花影下散步,回到书楼,解衣就寝,满身香气。两个学者在床上谈论诗文,直到天明。郁礼遁世不数年,"东啸轩"的书渐渐地少了。鲍廷博校刊郁礼的书,眼前显现出旧时明月,流光碧树,不禁凄然搁笔。这段跋语表达了鲍廷博与郁礼生前志趣相投,纯真的友谊。这是鲍廷博爱书、刻书、交友的真实写照。

(四)帮助阮元刊刻《宛委别藏》

浙江学政阮元,有意收集《四库全书》未收的优秀图书,先后求得175种。阮元邀请鲍廷博、何元锡等人仿照《四库全书总目》体例撰写提要，叙述图书的学术源流、创新点及其错误。书成，进呈朝廷，嘉庆皇帝十分高兴，亲笔题名《宛委别藏》。

（五）帮助赵怀玉刊刻《四库全书简明目录》

清廷编纂《四库全书总目》后，又编了《四库全书简明目录》，供皇帝阅览。《四库全书简明目录》只载卷数、撰者，删去《存目》。《四库全书简明目录》于1782年7月进呈朝廷，赵怀玉抄录了一套带回杭州。杭州士子纷纷前来借抄传录。赵怀玉校勘后，于1784年刻于杭州。鲍廷博、权德舆帮助赵怀玉刊刻了此书。

（六）藏书楼为学者服务

鲍廷博的知不足斋藏书在江浙一带是第一流的，特别是乾隆皇帝赐给他的大型类书《古今图书集成》，民间稀有。当时的学者很羡慕鲍廷博拥有这套书，也很想读一读这套书。学者张月霄数次叹息他未读到乾隆皇帝赐给鲍廷博的图书。经人介绍，鲍廷博同意张月霄到乌镇知不足斋来读书，张月霄非常高兴。1795年，张月霄租了一条船与友人前往，船停在乌镇的南宫道院（这是鲍廷博刻印图书的地方）。进入知不足斋后，他每天在斋中孜孜不倦地读书。初暑，挥汗如雨，晚上蚊虫叮咬，他点着蜡烛看书，看得眼睛昏花，心中却乐滋滋的。张月霄住馆6天，读完了《古今图书集成》。这一场阅读大战役，张月霄获得了意想不到的战果，他从书中觅取到很难得的金文20篇。

（七）慷慨赠书良友

鲍廷博与学者们友谊深厚，凡朋友需要某书，而又无钱获得的，鲍廷博就赠送给他。鲍廷博的书斋里有宋刊残本周必大著《周益公书稿》，纸墨古雅，雕刻装帧精美。学者严元照来访，谈及此书，鲍廷博随即取出两册供严元照鉴赏。严元照要求借回去阅读，鲍廷博说："这

71

两册书送给你。"严元照十分感动,于是在书的后面写到"良友之惠,不敢忘也"。

(八) 刻《知不足斋丛书》传承中华珍本

鲍廷博刻《知不足斋丛书》,收录了许多珍贵的图书,如唐代李淳风注《孙子算经》,唐王桨的《麟角集》,宋代费衮的《梁溪漫志》,刘应时的《颐庵居士集》,叶绍翁的《四朝闻见录》,范稀文的《对床夜话》,赵升的《朝野类要》,曾敏行的《独醒杂志》,吴仁杰的《两汉刊误补遗》,吴缜的《新唐书纠谬》《五代史记纂误》,彭叔夏的《文苑英华辨证》,金代刘祁的《归潜志》,元代李冶的《测圆海镜细草》,袁易的《静春堂诗集》《农书》《蚕书》《耕织二图诗》等,鲍廷博都刻入了《知不足斋丛书》,使得珍贵文献得以传承,广泛传播。

(九) 严谨治学 后人典范

在《新唐书纠谬》中鲍廷博列举出400多处谬误,然后刻入丛书。《知不足斋丛书》中收录的《皇宋书录》《兰亭考》《兰亭续考》《山静居画论》《石刻铺录》《石墨镌华》《古刻丛钞》等书,鲍廷博转注训诂,校勘鉴别,淹博贯通,刻入丛书。鲍廷博的学术研究,如山一般的凝重,为后人所敬仰。蒋光煦收集秘本刻印《别下斋丛书》《涉闻梓旧》,潘仕成刻印《海山仙馆丛书》,都是以鲍廷博为师,取得了优秀的成果。

(十) 积极搜寻轶本,保存文化遗产

《古今孝经》中有一册《孔传》书,当时国内搜寻不得,鲍廷博得知日本有此书,在汪翼沧出使日本时,鲍廷博委托汪翼沧从日本购回此书。汪翼沧跨洋过海为他寻回了此书!

七 一匝人间夕又朝

鲍廷博是学者、藏书家、诗人、版本目录学家。鲍廷博到了高龄以后，经常写一些诗，表达自己的情操、思想、交游状况，人们称作"夕阳诗"。因此，友人们称呼鲍廷博为"鲍夕阳"。鲍廷博在文化界的成就光辉灿烂，夕阳诗十分红艳。鲍廷博写了30首夕阳诗，清新可颂。

夕　阳（之一）

鲍廷博

一匝人间夕又朝，晚来依旧满间寮。疏分霜叶秋容淡，细点征帆别思遥。

澹澹欲随城角尽，明明还带酒旗飘。迷藏惯匿西楼影，不似春愁不肯销。

（之二）

底事人间重晚晴，当楼残照最关情。百年身世霜鸿影，万里江山画角声。

征马云边驱转急，归舟天际望偏明。　倚阑无阴苍凉意，费尽闲心写得成。

鲍廷博一生爱写诗，以诗咏志，以诗表达自己的抱负、理想与情操。鲍廷博的诗汇集在《花韵轩咏物诗存》里。鲍廷博还写了很多序、校记、人物年谱、题跋、笔记、目录、杂著、谱牒、书札。鲍廷博存世的题识跋文，有楷书、行书、草书。他的字超凡脱俗，隽秀飘逸，他的诗词语意清朗，颇具特色。

徽州商人鲍廷博，藏书、读书、校勘图书、刻印图书、传播与保存图书。鲍廷博把图书视作作者的精神性命，他积极地资助学者出版优秀图书。一个商人，有了资金积累以后，张开臂膀拥抱知识、拥抱文化，传播知识，不惜牺牲自己的老本，为公益事业，为子孙后代谋发展。鲍廷博程功积事，出版精品，不图报答，举贤荐能，传播文化。鲍廷博是商人，但他不是一般的商人，而是具有儒家素养的商人。

参考文献

[1] 鲍廷博. 鲍廷博题跋集 [M]. 杭州：浙江古籍出版社，2012.

[2] 周生杰. 鲍廷博藏书与刻书研究 [M]. 合肥：黄山书社，2011.

[3] 刘尚恒. 鲍廷博年谱 [M]. 合肥：黄山书社，2010.

[4] 蔡斐雯. 鲍廷博《知不足斋》丛书之研究 [M]. 台北：花木兰文化出版社，2009.

[5] 张健，汪慧兰. 清代徽籍藏书家鲍廷博 [J]. 安徽师范大学学报（人文社会科学版），2001（2）.

[6] 张弛. 浅评清代藏书家鲍廷博 [J]. 图书馆学研究，1994（1）.

[7] 艾珺. 难能可贵的藏书家"三德"——清代藏书家鲍廷博礼赞 [J]. 文化学刊，2011（3）.

[8] 周生杰. 何处见君常觅句 小阑干外夕阳疏——略论藏书家鲍廷博的咏物诗 [J]. 淮北师范大学学报（哲学社会科学版），2011，32（5）.

[9] 周生杰. 论鲍廷博开放的藏书思想［J］. 国家图书馆学刊, 2011, 20（2）.

[10] 蔡思明. 一代藏书家鲍廷博的人生画卷——读《鲍廷博年谱》［J］. 图书馆工作与研究, 2011（3）.

[11] 张力. 清代乾嘉二帝褒奖的藏书家鲍廷博［J］. 图书馆杂志, 2008, 27（12）.

[12] 付嘉豪. 鲍廷博与《四库全书》［J］. 图书馆理论与实践, 2011（6）.

[13] 刘尚恒. 鲍廷博由杭州迁桐乡时间考述［J］. 图书馆研究与工作, 2010（1）.

[14] 石梅. 鲍廷博未刊诗集《花韵轩咏物诗存》抄本考述［J］. 蚌埠学院学报, 2014, 3（6）.

[15] 刘尚恒. 鲍廷博研究三题［J］. 大学图书情报学刊, 2011, 29（5）.

[16] 马培洁. 鲍廷博抄本《一角编》与鲍廷博画像［J］. 中国典籍与文化, 2011（4）.

附录：

《知不足斋丛书》

（清）鲍廷博辑　光绪十年（1884年）鲍氏刊本

第一辑	
御览阙史 2 卷	（唐）高彦休撰
古文孝经 1 卷	（汉）孔安国撰；（日本）太宰纯音
寓简 10 卷附录 1 卷	（宋）沈作喆撰
两汉刊误补遗 10 卷附录 1 卷	（宋）吴仁杰撰
涉史随笔 1 卷附录 1 卷	（晋）葛洪撰
客杭日记 1 卷	（元）郭畀撰
韵石斋笔谈 2 卷	（清）姜绍书撰
七颂堂识小录 1 卷	（清）刘体仁撰
第二十六辑	
五行大义 5 卷	（隋）萧吉撰
负暄野录 2 卷	（宋）陈槱撰
古刻丛钞 1 卷	（明）陶宗仪撰
梅花喜神谱 2 卷	（宋）宋伯仁撰
斜川集 6 卷附录 2 卷订误 1 卷	（宋）苏过撰

排联清兴惟同鹤——汪启淑

雪压扁舟浪有棱,载来书重恐难胜。排联清兴惟同鹤,增长多闻似得朋。

归洛旧传东野句,入杭新并蓼塘称。衔杯不独相欣赏,欲赁邻居剪烛誉。

——厉鹗

清朝学者厉鹗说,图书经营商装载满船书驶向汪启淑住地,波浪滚滚,浪比船高,清波浩渺,如鹤飞翔。汪启淑看书成习,朋友也多了起来。汪启淑无论住在城里或乡下,好书都向他集结。汪启淑饮茶赏书,忙乐其中,蜡烛烧完一支又一支,邻居看到了,如果来帮他剪剪烛芯那该多好!

77

一 歙县商人汪启淑

汪启淑（1728—1799），字秀峰、慎义，号讱庵、悔堂、秀峰山人、退斋居士，自称印癖先生，清代著名藏书家、金石学家、篆刻家，安徽歙县绵潭人。经商后他的家迁居杭州横河桥小粉场。汪启淑几代人在杭州经营盐业，积累了巨额资金，经济上十分宽裕。乾隆时汪启淑以捐资入仕，历任工部都水司郎中、兵部职方司郎中。汪启淑工诗好古，与杭世骏、厉鹗、程晋芳、翁方纲等文人唱和。汪启淑著作等身，他汇编了《水槽清暇录》《焠掌录》《小粉场杂识》《讱庵诗存》《飞鸿堂印谱》《飞鸿堂印人传》《撷芳集》《汉铜印丛》《汉铜印原》《静乐居印娱》《退斋印类》等20多种图书。

《水槽清暇录》一书，是汪启淑任工部都水司郎中时写的见闻随笔，书前有钱大昕作的序，书后有翟槐写的跋文。汪启淑爱诗，爱交朋友，他的事业得到过朋友的帮助。周芬在飞鸿堂居住多年，为汪启淑篆刻印章，上海的强行健在飞鸿堂帮助汪启淑校书，汪启淑积极为朋友提供各种生活条件，解决他们的后顾之忧。

汪启淑珍爱图书，秘不示人。1774年其同乡书友鲍廷博得郁潜亭赠送的图书《老学丛谈》，他欲向汪启淑借得另一版本的书校勘，汪启淑断然拒绝，伤害了他俩之间的乡谊友情。汪启淑爱书如同爱自己的生命一样。

二　开万楼藏书

汪启淑是江南著名的藏书家，他有藏书楼——"开万楼"。"开万楼"里室名堂号非常别致，如秋室、退斋、悔堂、安拙窝、喜雨亭、一乱斋、飞鸿堂、漱霞轩、静乐居、敦朴堂、居易奄、春晖堂、丛退斋、琴砚楼、临学山堂、听泉精舍等。汪启淑与杭世骏、厉鹗等人结为"南屏诗社"，他们往往在这里开展文化活动，有时在他的园林里雅集。

汪启淑藏书百橱，古印万钮。他在《水槽清暇录》中说："江浙藏书，以前著名的有项子京的白雪堂、常熟的绛云楼……近时则有赵谷林的小山堂、马秋玉的小玲珑山馆、吴尺凫的瓶花斋及我家的开万楼。"汪启淑将自己的"开万楼"与"白雪堂""天一阁""曝书亭"等相提并论，表明他藏书丰富，藏书质量高。1758年因邻居家失火殃及他的书房，汪启淑收藏的图书损失一半，印章损失很多。他把剩余的印章编刊成《讱庵集古印存》32卷。30岁以后他将汇

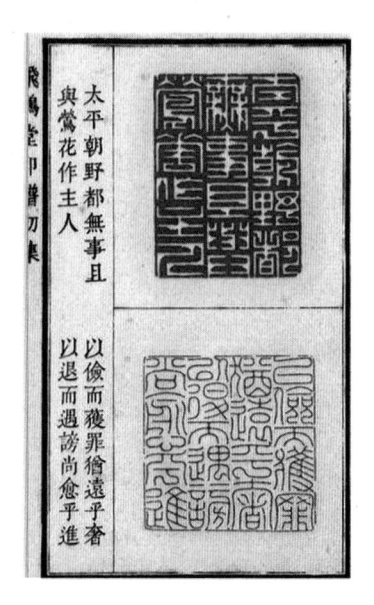

汪启淑飞鸿堂印谱印章

编的作品以飞鸿堂、开万楼、问香雪等堂号刊刻或钤印。其子汪庚编有《开万楼书目》，可惜此书难觅，所以研究汪氏藏书，没有很多线索。

《水槽清暇录》中留有汪启淑搜寻图书的记载。其中"天一阁"一文，记录了汪启淑与全祖望同游天一阁。"琉璃厂"一文，描述了琉璃厂的方位、地貌与书肆。汪启淑首次指出了琉璃厂即为辽代的海王村，后来才成为民间文化市场。汪启淑爱与文士交往，爱读书。《槐塘诗稿》"赠秀峰弟四十初度"一诗这样描写汪启淑：

我年六十四，君今四十强。衰老我不惧，所惧学殖荒。
羡君保先业，束发事文章。力去膏粱习，结交多老苍。
聚书十万卷，四部分琳琅。筑楼高储之，临风颂朗朗。

诗中说汪启淑藏书 10 万卷，用以读书著述、诫勉纨绔子弟恶习。诗中提到，汪启淑读书著文，旨在保家业。汪家经营盐业而巨富，盐引窝根世代相传，如果朝廷不改革，汪家的金山、银山永在。创业易，守业难。子孙如果骄奢淫逸，金山、银山能存几天呢？子孙如果爱好读书，有良好的道德，汪家可永享富贵。汪启淑崇文以育德，他藏书，也爱好古玩、金石、印玺，他汇编了《汉铜印存》《袖珍印赏》《退斋印类》《退斋印谱》《时贤印谱》等书。他临摹了《锦囊印林》《静乐居印娱》《秋室印剩》；他珍藏有《秋室印粹》《枕宝斋印粹》《安拙窝印寄》等书，以及关于古代铜印、玉印、象牙印、晶印、瓷印的《悔堂印外》200 余卷。

1772 年，清廷为撰修《四库全书》征访图书，他应诏进呈图书 524 种，《四库全书总目》著录其中的 256 种，纳入存目的 192 种，他是进呈图书最多的四大藏书家之一。清廷制定奖励的办法：凡进书 500 种以

《飞鸿堂印谱》

上者，赐《古今图书集成》一部；凡进书 100 种以上者，赐《佩文韵府》一部；凡进书百种以上者，藏书人自己选择一本书，由乾隆皇帝题咏，以示恩宠。图书采进者以及进献图书者的姓名写在《四库全书提要》中，名垂青史。乾隆皇帝在汪启淑献书《建康实录》（元·刘一清撰）、《钱塘遗事》（唐·许嵩撰）上面题了诗。1780 年，乾隆皇帝第 5 次南巡后，又赠送给汪启淑《平定伊犁战图》和《小金川战图》各一幅。

《四库全书》采用汪启淑进献的图书 64 种，采用率为 12.21%。《四库全书》收入汪启淑进献的书如下：

经部：

《易学启蒙意见》	《诗经通义》	《春秋集撰纂例》
《春秋蠡义》	《春秋孔义》	《论语全解》
《癸巳论语解》	《癸巳孟子说》	《四书疑节》
《孟子杂记》	《论语商》	《苑洛志乐》
《古文四声韵》	《六书统》	《经史正音切韵指南》

史部：

《钱塘遗事》　　　《敬乡录》　　　《嘉靖以来首辅传》
《华阳国志》　　　《太平寰宇记》　　《翰林记》
《士官底薄》　　　《唐会要》　　　　《西汉会要》
《金韭琳琅》　　　《金石林时地考》　《金石史》
《嵩阳石刻集记》

子部：

《寿亲养老新书》　《医经溯回集》　　《天步真原》
《天学会通》

集部：

《长江集》　　　　《麟角集》　　　　《黄御史集》附录1卷
《冯安岳集》　　　《范太师集》　　　《默成文集》
《舒文靖集》　　　《本堂集》　　　　《蒲室集》
《石门集》　　　　《玉笥集》　　　　《白云台》
《鸣盛集》　　　　《武功集》　　　　《南行集》
《东游记》　　　　《北观集》　　　　《山中集》
《古文集成前集》　《古乐府》　　　　《玉山游记》
《唐宋元名表》　　《古今禅藻集》　　《四六谈尘》

《四库全书总目提要》收录汪启淑呈送史部书约100部，其中地理方面的书为多。

汪启淑谨名分，崇爱敬。他在故乡歙县绵潭建了一座御书楼收藏乾隆赐的《古今图书集成》，题诗的书《建康实录》《钱塘遗事》，赐的《平定伊犁战图》及《小金川战图》。1777年中秋，内阁中书舍人，汪启淑女婿洪杨撰"御书楼铭"及"序"，其文曰："吾外舅居歙东南，枕山面清溪，峰峦蜿蜒，秀出而迴，向水深澄，绵亘缭绕，故其地曰绵潭。外舅既于溪之南筑山馆，美景咸集，可数者十焉。今复于溪北构杰阁凌云，架松桧巍然数十仞，舟人上下，行道欣叹，皆曰此汪氏御书楼。……"汪启淑将乾隆御赐的图书、题诗的书、画及部分藏品运回绵潭故里，在村头水口上建了御书楼，使乡人一览御宝，肃然起敬。

汪启淑去世后，开万楼藏书散于肆间，很多书被毁，例如《说文解字韵谱》5卷毁于太平天国战争。1808年，汪启淑的藏书被杭州城隍山集古斋书铺购去，瞿氏铁琴铜剑楼、黄丕烈的士礼居、陆心源皕宋楼、八千卷楼收藏过他流散的图书，孙星衍的《平津馆鉴藏书记》收录了汪启淑的5种书籍。书上有"新安汪氏""启淑信印""开万楼藏书印"等印信。

今天我们在《四库全书》中可以看到的"浙江汪启淑家藏本"字样的书，如《字考》2卷、《谐声指南》1卷、《广金石韵府》5卷、《增修复古编》4卷、《默成文集》8卷等。

汪启淑凭借雄厚的财力，还自费刊刻了部分《四库全书》呈送本，如《古文四声韵》《汉简》《白香山诗集》，南唐徐楷撰《说文解字通释》（附录1）等书。

献书《四库全书》使汪启淑成名。他是乾隆时期四大藏书家之一，名垂史册。由于汪启淑藏书楼的书没有很好的传承，现在研究汪启淑藏书的不多，对汪启淑的印艺却兴趣盎然。

三 "印痴"汪启淑

汪启淑爱书，并且痴迷刻印艺术。鲍廷博在《飞鸿堂印谱》序文里说："汪启淑性情豪迈，行为潇洒，在社交场合不落世俗，不为尘染，矫矫出群，超然物外。"沈德潜称汪启淑喜聚书，好古玩，好韵语六法，雅爱篆刻。

汪启淑耗费20余年时间收集印章，刊刻了《飞鸿堂印谱》。汪启淑认真考订印谱文字，拟定汇编体例，选取印材，与专家商榷，合于古法，方才刻印此书。

丁敬是当时印界的名流，1745年汪启淑在西湖东皋吟社认识了丁敬。汪启淑邀请丁敬参与规划、刻印《飞鸿堂印谱》。汪启淑重金聘请名流张盘石、钱乐父、王子复到自己的家园，收集名人韵语，镌刻印章。汪启淑为了追求印艺，积极与当时印界高手交往。

友人钱泳有汉代"杨恽之印"铜印一枚，汪启淑仰慕，求之不得。汪启淑见到钱泳，长跪不起（钱泳比汪启淑年龄大30岁），钱泳不得已，只好割爱相赠，由是人们称汪启淑是"印痴"。

丁敬是印界的泰斗，他广泛吸收汉代、六朝、唐朝、宋朝的印艺，把篆刻作为艺术，篆刻有秦汉遗风，治印有新思想，有个性。丁敬不轻易给别人刻印，汪启淑想方设法才弄到一枚丁敬的"吉金乐石"印。

丁敬同当时印界名流何震、苏宣、朱简、汪关、程邃并驾齐驱，汪启淑积极与他们交往，切磋印艺。"西泠四家"丁敬、蒋仁、黄易、奚冈，加上陈豫钟、陈鸿寿2人合称"西泠六家"，同治年间，加上赵之琛、钱松2人为"西泠八家"，或称"浙八家"。汪启淑身在浙江，他积极探讨"西泠八家"的印艺,他的印谱中很多地方都反映了"西泠八家"的特色。

汪启淑是徽州人,他与徽州印人交往频繁。徽州人爱刻印,有一些刻印大家,如汪肇龙、巴慰祖就是印坛一代名流。徽州印艺爱好者印谱多如山积,著述颇多。歙县张淦编著了《宝墨斋印略》、郑基太编著了《拙吾斋印赏》、程德馨编著了《十友斋印赏》、休宁朱霞编著了《月潭胜景印志》、黟县胡宗烑编著了《松舫居士印谱》、孙光祖编著了《拙轩印谱》、绩溪周懋泰编著了《松石斋印谱》等。安庆与徽州相邻,安庆人邓石如为印艺名流,他的篆刻,线条浑厚,茂密多姿,字画疏可走马,密不可通风。汪启淑积极向邓石如学习,因此印艺受邓石如的影响不小。

印痴汪启淑,一心钻研印艺。凡印界名流,他都设法拜访,或请他们住在飞鸿堂,共同研究,互相学习;历朝印章,他或购买,或钤印仿刻,设法收集齐全。汪启淑为得印章,不惜重金,他孜孜以求,终于成为印艺的集大成者。

四 《飞鸿堂印谱》

汪启淑汇辑历代官私印章以及100多家印人篆刻的印文汇编成《飞鸿堂印谱》。印谱中的每一印都经过汪启淑与诸位好友的商榷,才选编入书中。汪启淑从1745年开始编纂《飞鸿堂印谱》,至1776年完成,汇集、鉴别印章时间长达30余年。《飞鸿堂印谱》收集面极广,作品数量众多,艺术鉴赏价值很高。

《飞鸿堂印谱》共辑录汪启淑藏清代近4000枚印章,其中多数属于闲章。《飞鸿堂印谱》收集了钟鼎、泉币、碑版、印章、砖瓦中的篆书镌刻，它是汪启淑"金石文字"研究的成果。《飞鸿堂印谱》有多个版本，如初集8卷本，3集24卷本，4集32卷本，5集40卷本。《飞鸿堂印谱》共5集40卷版本，每页2印，旁附作者姓名与印中文字。首卷有金农题字，汪氏21岁时的肖像及凡例15则。

《飞鸿堂印谱》与《学山堂印谱》《赖古堂印谱》合称为"至美三堂印谱"。《学山堂印谱》汇集了何震、苏宣、沈从先、朱简、顾元芳、何通等篆刻家的作品。《赖古堂印谱》由周亮工鉴藏，这是他3个儿子收集的明清篆刻家的精品。《飞鸿堂印谱》有李果、倪承宽、沈德潜、丁敬、江永、庄有恭、齐召南等40多人作的诗、序、跋，这使得《飞鸿堂印谱》蓬荜生辉。

汪启淑在汇集印谱时，严格把关印章的风格、技巧、刀法、章法，篆书文体，稍有疑问，即行考订。《飞鸿堂印谱》中印文多摘自经史子集、诸子百家及诗词、格言成语以及释道图书。他选雅避俗，不杜撰。他把援引的书名，另刻目录一卷。汪启淑本人的姓名印、斋馆印、藏书印，在《飞鸿堂印谱》中所占比例不大。经史子集、诸子百家、诗文词曲、格言成语等印章在印谱中占的比例较大。

《飞鸿堂印谱》印文内容，表达了汪启淑的情操与精神追求。有的印章反映了他治学的态度，如陈浩的"为学之道贵在乎勤"，高凤翰的"学以静为本"，周芬的"好书到手不论钱"，杨轼的"不爱尺璧，而爱寸阴"，董询的"人不可以无学"。有的印文反映了汪启淑的精神与思想境界，如施景寓的"富贵不淫贫贱乐"，吴廷隧的"以义制事，以礼制心"，张雨亭的"学必圣贤为师"，徐怀的"人爱名与利，我爱水与山"。汪启淑有一枚印的印文是"君亲德与天地并立，圣贤道共日月同明"。印谱中有的印文反映了汪启淑的淡泊名利、与世无争的思想及修身准则，如吴钧的"恬淡自逸"，胡贞甫的"清淡不厌贫"，陈书龙的"世人皆醒，我独醉"。

汪启淑选编《飞鸿堂印谱》尽力搜罗，他对印章要求印质、印纽都是上乘。印质，即印的材料，金、银、铜、玉、牙、角，花乳石、青田石、登莱石、寿山石、昌化石、大松石、灯光石等。印纽有龟、狮、驼、象、桥、瓦、亭、山水、花草、人物、鸟兽等造型，品种多样。《飞鸿堂印谱》中朱文与白文的比例得当，朱砂泥、烟墨等材料优良。他对于印谱的装帧与锦函的装潢，从不计成本。

《飞鸿堂印谱》大部分作品是真实的，对某些搜罗不到的篆刻家的作品，汪启淑让印人仿刻，印谱中丁敬的33方作品，据考证，有30方是仿刻的，只有3方是丁敬的真刻。

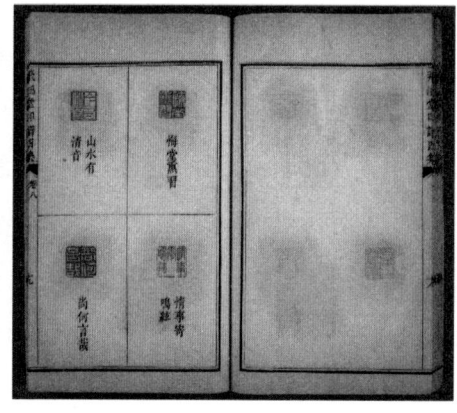

《飞鸿堂印谱》印文

《飞鸿堂印谱》所载印章，不同的版本，收印数不同。西泠10册本，第1册342方，第2册346方，第3册346方，第4册342方，第5册356方，第6册356方，第7册350方，第8册346方，第9册356方，第10册356方，共3496方；上海图书馆藏本（上图乙本）收印数为3490方。《飞鸿堂印谱》每卷都是25页，每卷收印数在84至90方之间，每页钤印2枚。

《飞鸿堂印谱》收录了358个印人，其中170个人注明了籍贯。《飞鸿堂印谱》印人涉及14省81地。其中浙江42人，分布如下：钱塘6人，仁和6人，归安3人，乌程、吴兴、萧山、鄞县、嘉兴、金华、遂安、上虞、象山9地各1人，桐乡5人，海盐、平湖、新昌3地各2人，秀水3人，山阴4人。

安徽36人，分布如下：歙县19人，黟县、婺源、芜湖、当涂、泾县5地各2人，怀宁3人，休宁4人。徽州是汪启淑交往最多的地方。在《飞鸿堂印谱》中，徽州是入印人数最多的地区。这些印人祖籍或在徽州，或侨居他乡的徽州人。歙县巴廷梅、巴慰祖父子在扬州有"巴总门"宅第。汪启淑的族弟汪斌、族侄汪成曾经游幕江浙一带，学习治印。黟县王毂曾任山东菏泽县丞，他爱好治印。徽派印人的流动性，对江苏、浙江的篆刻艺术的发展起到了推动作用。《飞鸿堂印谱》所记载的36名安徽印人，是清代乾隆年间徽派篆刻的有力传播者。

江苏66人，分布如下：松江、金山、奉贤、宜兴、吴郡、丹阳、江宁、广陵、甘泉、无锡10地各1人，吴江、仪征、昆山、如皋、上元、武进6地各2人，江阴、上海县（闵行区）、常熟、丹徒4地各3人，吴县与嘉定各5人，华亭6人，娄县7人，长洲7人。

《飞鸿堂印谱》其他省份入选者，山东5人，直隶4人，河北1人，八旗4人，湖广1人，江西3人，福建5人，辽宁2人，山西1人，河南1人，云南2人。可见，《飞鸿堂印谱》入选者以江苏、浙江、安徽为多。

汪启淑《飞鸿堂印谱》，现在见到的版本有：

1. 西泠印社藏张鲁庵赠线装《飞鸿堂印谱》5集40卷10册钤印本

（西泠本）。

2. 上海博物馆藏线装《飞鸿堂印谱》5集40卷20册钤印本（上博本）。

3. 上海图书馆藏线装《飞鸿堂印谱》4集32卷16册钤印本（上图甲本）。

4. 上海图书馆藏线装《飞鸿堂印谱》5集40卷20册钤印本（上图乙本）。

5. 上海图书馆藏民国有正书局版线装《飞鸿堂印谱》5集20册40卷影印本（上图丙本）。

6. 湖州谭建丞先生所藏民国坊版线装《飞鸿堂印谱》5集20册40卷石印本（谭藏本）。

7. 上海古籍出版社1992年出版《飞鸿堂印谱》5集40卷1册影印本（上古本）。

8. 扬州广陵书局于1998年影印本。

9. 日本二玄社于1983年出版的《飞鸿堂印谱钞》。

五　向社会各界印人学习、交流

《飞鸿堂印谱》收印3596方，印人300余人，多数为康乾时期安徽、江苏、浙江等地的篆刻家的作品，是汪启淑同时代人的作品。

汪启淑曾经任职工部都水司郎中、兵部职方司郎中，社会活动面广，结识印人多。汪启淑喜好拜访知名篆刻家，不论贫富，交谊深厚。其中有许多名士，如厉鹗、杭世骏、钱泳等人。

汪启淑家几代人都以经营盐业为生，积累了巨额金银，经济上宽裕，这是他广交友人的经济基础。汪启淑经常邀请篆刻家来家中交谈，经友人的介绍，汪启淑认识的篆刻朋友越来越多。如黄孝锡，号约圃，吴县人。徐友竹是黄孝锡的外甥，汪启淑因徐友竹而认识黄孝锡。聂际茂好六书，不轻易为人刻印，汪启淑经同乡介绍，认识了聂际茂，而后得到他刻的印章。汪启淑经社会交往认识了沈卜周，沈卜周给他刻了数十钮印章。

官员中爱好金石的人，汪启淑也积极与他们广泛交往。汪启淑在澹园宴席上认识了王顺曾，王顺曾刻印数枚送给了他。汪启淑曾经得到官署教习桂馥的几钮印章。汪启淑登门拜访过精于书画篆刻的徐观海、黄易、蒋元龙、朱宏晋，他们都为汪启淑刻了印章。汪启淑与华亭县人李德光欣赏印谱，讨论印艺。汪启淑在西湖吟社认识了丁敬后，与他交往时间长达30年。

康熙至雍正初年的印章，占《飞鸿堂印谱》收集总数的1/4，如朱增川、唐半壑、刘承涛、杜世柏的印。这些明朝遗老，以篆刻寄托情怀，不讲章法、刀法。三桥派、雪渔派、泗水派的印章，师法秦汉，出古入新，但是篆刻的古文字错误较多。如《飞鸿堂印谱》中戴启伟的"芝房松粒可充饥"，"芝""房""粒""可""饥"是臆造古文字，艺术不规范。雍正至乾隆初年的作品占《飞鸿堂印谱》半数左右。周芬、汪成、林皋等人的印代表了这时的印风。乾隆后的作品在《飞鸿堂印谱》中的比例约占1/4，丁敬、黄易、张燕昌等人的印代表了这时的印风。

清初印坛，程邃和林皋等人士对篆刻艺术积极探索。程邃能诗，善草书，善画与篆刻，不肯代人治印。如果有人求其刻印，一般要等待数月、一年以上方可获得。程邃善用涩刀，印文凝重，他的印艺为印坛所重。林皋印风稳健，雅妍，充满书卷气。他用小篆、缪篆刻印，疏密周详，影响深远，《飞鸿堂印谱》收录林皋24枚印章。

《飞鸿堂印谱》所载主要是丁敬、方薰、汪士慎、汪芬、周芬、林皋、高凤翰、张燕昌、黄易、董洵、邓琰、释明中等印人的作品，收印数超过100方的人是：周芬176方、徐鼎109方、陈传102方、李德光101方；收印数超过50方的人是：徐钰88方、朱宏晋87方、戴启伟78方、吴钧69方、吴士杰65方、强行健57方。

《飞鸿堂印谱》收印数超过100方的李德光、周芬、徐鼎、陈传等四位印人，他

汪启淑著作封面

们与汪启淑交往密切，自身印艺水平较高。李德光好金石文字，刀法苍秀，铜、玉、象牙、石料篆刻精妙。他与汪启淑为莫逆之交。汪启淑宴请他到开万楼，展示所藏古印及印谱，讨论治印的艺术。周芬端庄便服，坐功很好，不苟言笑，技艺纯熟，汪启淑与他相处40来年。陈传善于篆刻，汪启淑给他看自己收藏的先秦两汉铜章数千钮，这些珍品他一般秘不示人。《飞鸿堂印谱》收入印数不多的印人，往往是名流大家，如丁敬的3方、汪士慎的2方、汪肇隆的7方、高翔的9方、黄易的5方、邓石如的6方。一般情况下要得到名流的印章较难，汪启淑与他们直接交往，日久情深，才会得到真品。丁敬亲手给他治"启淑私印""飞鸿堂藏""秀峰赏鉴"三枚印，这是汪启淑的珍品。丁敬不但与金农一起为汪启淑校订了《飞鸿堂印谱》，还为印谱作跋，跋语后落款"同学弟丁敬"，用字十分谦恭。丁敬长汪启淑33岁，汪启淑对丁敬十分敬重。丁敬卒于1765年，享年71岁。1765年，汪启淑才38岁。《飞鸿堂印谱》最后定稿于1776年，此时金农下世已有13年。1765

年，即在丁敬、金农去世以后，《飞鸿堂印谱》的校定工作是由汪启淑本人承担的。

汪启淑与印界名流频繁交往，获得了一般人难以期求的成果。

《飞鸿堂印谱》印文

西泠本《飞鸿堂印谱》有序、跋、诗、词、像等56篇，这是汪启淑与诸多名流深厚情谊的象征。在《飞鸿堂印谱》初集卷1（3个版本之一），汪启淑以楷书作序，序后钤有"印痴""汪启淑印"。书前有《凡例》15条，介绍了材料采集原则、内容来源、印谱规模、采收方法、注文形式、装帧标准等。该书初集于1748年由金农以隶书题字，钤有印文"冬心先生""金农印信""偶爱闲静"。书中有吕起朋跋汪启淑肖像。该书初集沈德潜以行书作序，序下有朱文"确士"、白文"德潜"。沈德潜称汪启淑有禅相、儒雅气。该书初集鲍鉁以隶书作跋，钤有朱色印文"辛父"，以及白色印文"鲍鉁印信"。鲍鉁从印章的作用入手，谈他与汪启淑的交谊，称赞汪启淑的文雅，以及印谱的特点。该书初集于1746年由李果以篆书作序，序下有白色印文"李果印信"、朱色印文"客山"。李果介绍汪启淑嗜古，序中谈到了元、明印艺的流派。该书初集于1745年由阎沛年以草书作跋文，跋下钤有朱色印文"晴峰"、白色印文"阎沛年印"。阎沛年在文中谈了汪启淑在印学上的付出与成就，兼叙二人的交谊。该书初集于1747年由孙陈典以楷书作序文，序文下钤有朱色印文"晴湖"、白色印文"孙陈典印"。孙陈典在序文中简单介绍了历代印谱的历史，称赞汪启淑对印学的贡献。

这些给《飞鸿堂印谱》作序、跋、诗、词的作者，多是当时的名公巨卿、硕儒俊士，层次之高，足见汪启淑在文人士大夫中的地位和影响。

六　刻印技法

《飞鸿堂印谱》注重刻印技法。刻印用刀有十三法：正入正刀法、单入正刀法、双入正刀法、冲刀法、涩刀法、迟刀法、留刀法、复刀法、轻刀法、埋刀法、切刀法、舞刀法、平刀法。常用的篆刻用刀是冲刀、切刀、单刀、复刀四法。刻印需用刀爽利，讲求笔意。如陈山田的"淡烟疏柳一帘春"，用刀疏朗潇洒，方圆兼备。章法灵动自然，字字分明，易于识别。陈山田的印，舒展自如，顾盼生姿。林皋的"钓水樵山耕云读雪，酌酒看花吟风弄月"，周芬的"不为俗情所染，方能说法度人"，排列风格，和谐雅静。该印谱篆法广收博取，善用各体文字。如梅德的"花巢"用大篆，董小池的"荷衣消翠蕙带余香"仿照古玺印技法。"小篆"是汉晋印章用文字，"大篆"是商周鼎彝文字，程邃大小篆混合使用，风格统一，字体优美。

乾隆时期"扬州八怪"力振古法，大气磅礴，曲折有致，不媚流俗，成为印坛的清流。丁敬以切刀法制印，使篆刻艺术取得了大发展，成为中国印坛的中坚。浙派印人黄易、张燕昌将缪篆与隶书相通，不违六书，篆法删繁就简，参照隶书，简单平淡，率真含蓄。丁敬刀法小波推进，锋颖明快，古朴浑厚。汪启淑博采众家之长，汇集于《飞鸿堂印谱》中。

康乾时期是篆刻印艺的亮点。康乾时期徽商追求文化品位，他们广泛结交学界名流、修筑园林、藏书楼，结诗社，校定古书、鉴定书画。著名学者在藏书家和盐商之间往来，孕育出"扬州学派""扬州八怪"群体。盐商汪启淑凭借富足的财力，筑"开万楼""飞鸿堂"，编辑印谱达27种。《飞鸿堂印谱》汇辑印章，工程浩大。谱中的印人多为名流，如高凤翰曾为安徽歙县县承、绩溪县令，张燕昌乃嘉庆元年举人，陆丹叔官翰林院编修侍郎，桂馥为进士，朱文震为《四库全书》馆詹事府主簿，董元镜为都察院都事，董洵为江苏嘉定县教谕，黄易为兖州府同知，蒋宗海是内阁中书，方维翰为石门知县，郑际唐为礼部侍郎，黄钱为官户部尚书等。其中近20位治印人有举人以上的身份。书中官至学政、尚书印人占20%。清中期以后的治印者，有富商朱宏晋，医生强行健，僧人释明中，书画家金农、高凤翰、黄易等人，金石家丁敬、张燕昌、黄易等人，考据大师程瑶田、桂馥，学者黄景仁（仲则）等人。印风受学术风气的影响，而《飞鸿堂印谱》受当时的朴学、汉学、考据学、乾嘉学派影响，印人笃志金石六书，把学术思想贯通于篆刻中，对篆刻艺术产生潜移默化的作用。

康乾时期篆文工具书，如《广金石韵府》《篆文纂要全宗》《韵府古篆汇选》等，对治印很有帮助，印人通过赏鉴、研究，触发灵感，提高审美能力，理解古印风格。印人借鉴画论、书论、诗风，在写意方面，自然，生动，不流俗套，使画、印通感，反映了篆刻的艺术思想。治印者擅绘画，如王冕、文彭、程邃、丁敬、邓石如等人。他们集书法、绘画、雕刻与文辞于一身，使印学与诗文、书法密切结合，寓诗、书、画、印于一图，表达印人的情操，寓意深远。我们浏览《飞鸿堂印谱》，可以看到治印人的灵性。

《飞鸿堂印谱》成书已有200多年，它内容丰富、装帧精美，是篆刻者的必备教材。汪启淑的印章大部分流入日本，一小部分保存于上海博物馆等部门。汪启淑是盐商，收集、刻印是他的艺术爱好，不是为了赢利。汪启淑追求艺术，是精神寄托，也是个人美德。正是因为汪启淑有追求，他的生活方才充实。因为他有匠心，才会有成果，他为后人留下了珍贵的文献——《飞鸿堂印谱》。

《飞鸿堂印谱》印文

辛亥革命前后，书商孙殿起两次到徽州访书，访得汪启淑家藏印谱《集古印存》32卷，每印后附小注，金农书鉴。孙殿起访得清乾隆年间汪启淑辑《飞鸿堂印谱》1~5集，《汉铜印原》16卷（中箱本，翁方纲书鉴)、《汉铜印丛》12卷（中箱本）、《静乐居印娱》4卷等，保藏完好，书品精妙，罕见珍本。黄丕烈在《士礼居藏书题跋》中记述他于1801年秋在坊肆间购得汪氏家藏《五行类事》。

汪启淑于1705年辑《讱庵集古印存》钤印本，朱砂印泥钤印本，共32卷，其收录的文字形体和刻印风格系汉朝时期的印章，其中部分是战国古玺和魏晋南北朝至清代乾隆年间的印章。此书还收录了少量少数民族文字的印章。

徽商具有儒家家风，重视文化传承，经商致富以后，热衷于建祠堂、书院，办教育，结文会、诗社，收古玩，藏典籍，重视收藏文献典籍泽及后辈。他们倡导高雅文化，有很强的宗族意识，注重建设书香家庭与书香社会。记得徽州有一副刻在书房门柱上的对联："万石家风唯存厚，百年事业在读书。"汪启淑闻善相告，闻艺相求，伏言正静，盛世不轻狂，乱世不沮丧，即使不臣天子，不事诸侯，也能强毅博学，特立独行，遵守儒家规范。

参考文献

[1] 汪启淑. 飞鸿堂印谱［M］. 上海：上海古籍出版社，1992.

[2] 汪启淑. 飞鸿堂印人传［M］. 上海：华东师范大学出版社，2009.

[3] 顾志兴. 浙江藏书家藏书楼［M］. 杭州：浙江人民出版社，1987.

[4] 徐学林."印痴"汪启淑［J］. 编辑学刊，1994（3）.

[5] 黄伟. 藏书家汪启淑略论［J］. 新世纪图书馆，2013（6）.

[7] 海玉豪.《飞鸿堂印谱》中印人的地域性分布特征探绎［J］.

书法赏评，2016（1）.

［8］张健.汪启淑及其"飞鸿堂"藏印［J］.河南图书馆学刊，2005（3）.

［9］刘志超.丁敬印论"思离群"说的开创意义［J］.书法赏评，2013（3）.

［10］赵宏.试论丁敬篆刻开宗立派的原因［J］.书法世界，2004（8）.

［11］刘兴亮.巴社印人逸事［J］.红岩春秋，2016（8）.

［12］李华年.明代文艺思潮与明末清初的印风［J］.艺文论丛，1995（4）.

［13］杨正阳.《飞鸿堂印谱》研究［D］.济南：山东大学，2008.

人倚梅花月正高——胡正言

　　盛世恨不见，得见盛世人。如见盛世焉，君有九十亲。生逢神庙间，貌古性亦淳。海宇忘兵革，冠佩何彬彬。当时不知好，今忆真天神。三十后少年，语之笑且嗔。一家自相传，别作江南春。爬搔进鸡黍，挥客同其醇。我闻洪武初，尚遗德佑民。江山既澄霁，景物还新鲜。扶持鹤发翁，狂笑湿纱巾。

　　　　　　　　　　——吕留良《曰从老人留饮，今年正九十》

　　曰从，是胡正言的字。胡正言90岁生日，吕留良给他写了一首诗。诗中说，胡正言经历了明清改朝换代的岁月，享年90岁，真是很幸运的事了。现在他相貌堂堂，文质彬彬，性情淳朴，待人如宾。生活在新时代里的胡正言，取得了令人高兴的新成就。

一　胡正言与十竹斋

胡正言，生于 1584 年，卒于 1674 年，字曰从，徽州休宁人。他经历了明万历、泰昌、天启、崇祯、清顺治和康熙 6 个纪年，享年 90 岁。

1644 年，清军入关时胡正言 61 岁，他经历了政权兴替的动乱岁月。

1644 年，南明弘光小朝廷福王朱由崧把明朝国玺遗失了，吏部左侍郎吕大器推荐胡正言镌刻国玺，被授武英殿中书舍人。胡正言坚辞不受，以后辞官隐居在南京鸡笼山侧，屋前种十余竿竹，室名"十竹斋"。入清后，胡正言曾参加反清复明组织——"复社"，他以"胜国遗民"自居。胡正言在《篆书正跋》末题："顺治丁酉十月朔旦，前中书舍人新安后学胡正言敬书于蒂古堂"，书后署顺治年号，仍写"前中书舍人"衔。

胡正言官服像

隐居生涯，心情沉重，胡正言谢绝社会应酬，不受清廷举荐。1674 年，90 岁的胡正言，无疾而终。结束了他足不履地 30 年的小楼生活。

据清《光绪霍山县志·卷 11》载，胡正言学术融贯五经。他著有《尚书孝经义》、医书数种、《兰竹谱》等。胡正言是南京国子监上舍生，曾经参与纂辑《诏制全书》，校刊《钦颁小学》《表忠记》诸书。

明朝廷授予他翰林院职，他未赴任而京师陷落。

自此，胡正言定居金陵鸡笼山下，制笺、印画、刻章、出版图籍，居"十竹斋"。胡正言家著清风，门无俗陋；出尘标格，雅与竹宜，博古自娱。胡正言师从南京上元书法家李登，工篆籀，善刻印。1617年胡正言制墨造纸，1619年开始刻印《十竹斋书画谱》，1627年《十竹斋书画谱》刻印发行。1630年其兄胡正心、其弟胡正行，从霍山县到南京鸡笼山房，与胡正言经营十竹斋。胡氏兄弟在十竹斋编纂、订正验方医书和审校时贤经籍。十竹斋刻印的书多为胡氏三兄弟联名校订。郑二阳著《孙子明解》《师卦解》，卷端刻着"海阳（休宁县城）胡正心、胡正言、胡正行校"；叶廷秀辑评《诗谭》，其卷端刻着"无所（个人的字号）胡正心、曰从胡正言、子著胡正行校订"。1645年《十竹斋笺谱》书成，1647年《印存》发行，1649年《石谱》刻印成书，胡正言印刷出版各类书籍，生意兴隆。

顾梦游的诗《胡曰从中翰七十》写道："朝市由来多隐情，老思逃世未逃名，不将金马重寻梦，为感铜驼只掩荆。"诗中暗言胡正言在南明朝廷任机密文书，归隐后，寓居鸡笼山北极阁，有一臣不事二主的操守。

胡正言在南京居住长达72年。"十竹斋"是胡正言定居南京时的斋名，它是胡正言制笺、印画、刻章、出版图籍的工作场所。"十竹斋"最早的题名为1632年4月15日。胡正言在《篆书正跋》后题有："顺治丁酉十月朔旦，前中书舍人新安后学胡正言敬书于蒂古堂。"蒂古堂是十竹斋内的室名，这是胡正言于1657年的题字，他署名南明的官衔"中书舍人"，忠于前朝君主的思想十分明显。

胡正言，1584年出生于休宁县城文昌坊，少小颖悟、博学能文。胡正言的父亲是一位医生，胡正言兄弟三人，兄长胡正心从事医学，弟弟胡正行研究新安理学。胡正言排行第二，又称次公，三十岁后他随父兄行医皖西，曾移居六安县望江湾，继迁往霍山一带，为人治病。徽州的程朱理学是胡正言的家学，胡家行医，处处不忘程朱理学，以程朱哲学指导医疗生民伤痛。胡正言的哥哥胡正心在行医中积累了大量的实践经验，十竹斋曾经刊印胡正心的著作《订补简易备验方》《简易备验方引》《订补验方引》等。

胡正言屋侧有十余竿翠竹，因而他的书房称为"十竹斋"。斋中有古帖、鸟迹、蝌蚪文等文献。十竹斋窗前绿叶摇曳，香气飘绕，室内藏书丰富。胡正言天性颖异，精通六书。他早年师从李登学习篆、隶、行各体书法。他擅长绘画花卉、墨梅。他爱好水印木刻与版画艺术，以治印著称，有《十竹斋印谱》问世。胡正言的《十竹斋书画谱》是我国版刻史上跨时代的佳作。

《十竹斋画谱》中的画

胡正言刻印了很多图书，他辑刻了彩色套版《石谱》《十竹斋画谱》《十竹斋笺谱初集》《梨云馆竹谱》《竿订四六鸳鸯谱》袖珍本。胡正言的篆刻钤写本有《印史》《印存初集》《印存玄览》《胡氏篆草》。胡正言一共刻印了传记、诗文、医书及其他类图书约34种。

胡正言校刻的书籍，传本较稀少的有《精选古今诗余醉》15卷，该书由潘游龙选编，书口有"十竹斋"三字，竹纸印本，刻印精良。戴岩苹编纂、胡正言校刻的《篆书正跋》，传本稀少。

胡正言来到鸡笼山下隐居，经营十竹斋刻书坊，以刻书、卖书谋生。为了刻书，他研究制纸造墨、版刻艺术。在这里，胡正言与画家陈淳、周之冕、高友、高阳、赵备、奚彬、魏之克、凌云翰、吴士冠等人，来往密切，切磋画艺。一些金陵文人或流寓金陵的文人，为胡正言的《十竹斋书画谱》题诗写序，如杨文骆、朱之番之流。胡正言的刻坊主要刻印绘画、印谱之类图书，他与新安画派、金陵八家、扬州八怪联系密切。当时著名画家渐江、程邃、查士标、程嘉燧、汪之瑞、孙逸、肖云从、丁云鹏、汪肇，与金陵八大家等人都曾为胡正言刻印的图书题画作诗。

著名画家查士标为十竹斋画的"人倚梅花月正高"大立轴，画中禽翻竹叶，雨露初下，这是扬州八怪的杰作。钱贡画的《环翠堂园景图》，这是万历年间徽派版画的代表作，人物逼真，楼亭绿树掩映。金陵书法家李登为该画篆书题字。钱贡是著名山水画家，环翠堂主人是不恋仕途、寄情山林的江适纳，刻工是杰出的版刻家黄应祖，这幅图是金陵、徽州大家的艺术珍品。胡正言与众多专家的交往，获得了上乘的作品，提高了十竹斋刻坊产品的质量。

二 《十竹斋书画谱》

《十竹斋书画谱》以"饾版"印画册，融诗、书、画、印艺术为一体，是"画苑之白眉，绘林之赤帜"。

《十竹斋书画谱》4卷，胡正言辑印，高阳、凌云翰、吴士冠、魏之璜、魏之克、胡宗智、高友及行一和尚等人同校，胡正言、汪楷等人刻印，1627—1644年刊印完毕。全书为对幅大版，图文相映。全书分为《书画谱》《墨华谱》《果谱》《翎毛谱》《兰谱》《竹谱》《梅谱》《石谱》八大类，共186幅画和140件书法作品。其中：

《书画谱》有2篇序文，20幅画与题词；《墨华谱》有1篇序文，20幅画与题词；《果谱》有1篇序文，20幅画与题词；《翎毛谱》有1篇序文，20幅画与题词；《兰谱》有1篇序文，40幅画（19幅画法，18幅临摹古今名画，后3页是竹图）；《竹谱》有3篇序文，20幅画与题词，以及画法步骤与绘画口诀；《梅谱》有1篇序文，20幅画与题词；《石谱》有2篇序文，20幅画与题词。《十竹斋书画谱》卷1有"清供""华石""博古""画诗"等画，卷2有"胜览""入林""无花""凤子"等画，卷3有"孺慕""棣华""应求""闺则"等画，卷4有"建议""寿征""灵瑞""香雪"等画。

1. 《书画谱》包括花卉竹石、翎毛蔬果，谱前有醒天居士《题十竹斋画册小引》和芒砀山人王三德《胡曰从书画谱引》。

2. 《墨华谱》题"十竹斋琅玕笺"绿竹纹边框。画面气韵生动。前面有《十竹斋墨花题辞》。

3. 《果谱》韩文镜作序。其中"三元""朱橘"等图，匠心独运。

4. 《翎毛谱》杨文骢题《翎毛谱小序》，评介胡氏饾版法：巧心妙手，以铁笔颖生，结合使用皴法、染法、点法，着色轻重、浅深、远近、离合，曲致巧极。为写生妙品，图为画家凌云翰作。

5. 《兰谱》有涂日昌"兰谱序"和画兰"起手执笔式"，图解兰花，附小注，无题赞。其画多是临摹赵孟頫等名家作品。

6. 《竹谱》技法包括写竹要语、写竹括和写竹法。一画一题，前面竹姿分作廻风、喜霁、带雨、凝露、贮云、笼烟、快雪、印月、怡老、启新、飞白、聚翠、紫葆、朱皴、崖影、石床、飧松、访菊、友梅、佩兰等。后面为画竹"起手式"。

7.《梅谱》进士董继周作序。胡正言以芳信先传、飘飘欲仙、冰壶掩映、暖谷回阳、君子之交、铁干支春、暗香浮动、拾翠为钿、黄惹蜂腰、额上玄功、东邻窥宋、盟坚寒素、香梦沉酣、冰妃写照、玉骨同妍、疏影横斜、幽人赠佩、调脂弄粉、宫锦清班、寿阳点妆20画题，分别写早梅、风梅、雪梅、枯梅、竹梅、老梅、月梅、松梅、蜡梅、墨梅、过墙梅、倚石梅、烟梅、临水梅、水仙梅、疏梅、兰花梅、茶花梅、杏花梅和落梅，其水墨、设色、意境、造型与章法，穷尽变化。每幅画有题赞。

8.《石谱》谱前有2个序，一为王三德《阅石谱题言》，一为米芾后人米万钟《石谱题辞》。谱中画为高阳所作。高阳，写生名手，善画奇石，天划神缕、嵌空玲珑、冰茧叠嶂、洞穿峰峦。图中套版印刷，每画有题赞。

《十竹斋书画谱》的序、画、诗作者或书法题写者，多达150人。谱中作品多是名家吴彬、倪瑛、魏之克、米万钟、吴士冠、文震亨、高阳、高友等人的创作，书中有20多幅画稿是临摹赵孟頫、唐寅、沈周、文徵明、陆治、陈道复的画作；胡正言自己画有"白莲""墨梅""芝草"三图，诗有"题梅花""题兰竹"两首。书中用唐代释无可的咏兰诗题《兰竹图》，用徐渭咏榴诗题《石榴图》，用刘禹锡题开元寺枸杞诗题《枸杞诗图》。全谱书法篆、隶、行、楷诸体皆备，其中多数是晚明文人流行的行草。

《十竹斋书画谱》，胡正言在1617年以前就开始编辑此书，以后每隔2年刊印一谱。1633年第8谱《果谱》完成，全书刻印历时15年左右。《十竹斋书画谱》的出版时间，人们是根据书中6个题词的时间判断的。即：1619年秋，1624年仲夏、秋、立秋日，1622年秋，以及1625年伏日的题词。很多画家给《十竹斋书画谱》作序、题字，如杨文骢于1627年给《翎毛谱》写了序，醒天居士于1633年给《十竹斋书画谱》全谱写了总序，程胜于1619年给《书画谱》的翠竹题字，林古度于1622年给《竹谱》题字，《石谱》有1625年谢三秀的题字，《翎毛谱》页面印有1627年杨文骢的序文。《十竹斋书画谱》最早的题诗纪年时间为1619年，胡正言当时36岁。当时的胡正言的老乡、画家程胜题唐代罗邺诗赞美胡正言：

  翠竹才分细细枝，清阴犹未上阶墀。蕙兰虽许相依日，桃李还应笑后时。
  抱节不为霜露改，成林终于凤凰期。渭滨若更徵贤相，托作渔竿系钓丝。
  ——己未秋日，录于草庵。海阳程胜。（海阳，地名，今安徽休宁县城）。

《十竹斋书画谱》最早出版的五谱，在书中的排列顺序是《书画谱》《墨华谱》《翎毛谱》《竹谱》《石谱》。按成书时间先后的顺序是《书画谱》《竹谱》《墨华谱》《石谱》《翎毛谱》。《十竹斋书画谱》陆续整理结集出版，1633年醒天居士为全谱写了总序。

《十竹斋书画谱》每类前有叙言，叙述本类图画的内容。序文用草书、行草、狂草、篆书、隶书和行书表述。如其《石谱》"锦川石"题字用篆书，其《墨华谱》梅花题字用隶书。书中有名家画艺、书法与诗词，十分珍贵。

《十竹斋书画谱》的绘画全是名家杰作，形态鲜亮，设色分明，花情竹姿，禽虫状态，石形云气，栩栩如生。画用皴染法，水印木刻生动。兰竹二谱附有起手式，告诉人们绘画的技巧。《竹谱》在序言中指出画竹的枝、叶、竿、节的要领，绘画步骤与口诀。如画竹枝的口诀：分长短，左右接，安鹊爪，鱼刺别，出迸跳，入垛叠。这些绘画技巧是绘画大家的心得，深受读者欢迎。胡正言把《十竹斋书画谱》设计为绘画的教材，在图书市场畅销几百年。

《十竹斋书画谱》综合运用了前人的印刷技术，如单色木刻、套印技术。最初的套印是在一块板上涂几种颜色刷印，逐渐演化为几种颜色分板套印。胡正言用饾版水印和拱花印刷术刻印《十竹斋书画谱》和《十竹斋笺谱》，在前人套印技术的基础上作了创新。

胡正言刷新了饾版、分版套色和水印技术。饾版就是分版分色的套印，以不同的颜色和深浅勾摹画稿，一块颜色刻成一小块板，按照它们在画面的位置，一一印刷，组成与原稿画面相同的版面。这样一幅彩画需要用许多块版画组成画面，形似饾钉，所以称作饾版。

水印是用水调和各色颜料，发挥水色和纸张的渗透功能，显现出不同的墨晕和色阶，表现人与物的精神面貌。水印可以表达浓淡深浅、阴阳向背的画面，它将绘、刻、印的技法结合在一起，表现画的风韵。十竹斋的木刻水印技术水平达到了历史上的一个最高点，其代表作为《十竹斋书画谱》与《十竹斋书笺谱》。

胡正言的十竹斋刻书，将绘画、雕刻、印刷分工作业。画工把画家的原作绘出图样，刻工按照图样分刻，印工对照原作逐色套印。

《十竹斋画谱》花、鸟图

　　胡正言爱绘画，《十竹斋书画谱》中有些作品是胡正言自己画的，如他画的白莲、芝石、墨梅等图。胡正言曾用隶书在画中题梅花诗。画谱中采集了当时30多个著名画家的画，如高阳、高友、赵备、赵龙、吴彬、归世昌、胡崇智、魏之璜、魏之克、凌云翰、吴士冠、赵芝、谢道龄、沈硕、沈襄、沈存德、倪英、程胜、周鼏、葛中选、刘迈、朱鹭、杨嘉祚、茂林、如参、程宪、凌九皋等人。有些是临摹前代画家的画，如赵孟頫、沈周、文徵明、唐寅、陈淳、陆治、周天禄、王向、孙克弘等人的画。其中有的是明代吴门画派大家。画谱选材严格，讲究档次。

　　胡正言具有刻字、刻画的技能，《十竹斋书画谱》中的作品是胡正言与徽州刻工汪楷雕刻的。胡正言心巧手妙，他的刻刀在梨木或枣木上展现出娴熟的才艺。胡正言能很好地领略画稿的含义，刻出自己的风格。

　　胡正言还是印刷能手，《十竹斋书画谱》初版，有胡正言的印刷指纹。胡正言请来著名画家、刻工和印工，十多年如一日，待他们如同师友，朝夕相处，相互切磋技艺。饾版印刷，涉及分版、刻板、对版、着色、印刷等诸多技艺，每一个环节都要十分仔细。每个环节要互相协作，操作好每个细节，以免产生疏忽。十竹斋出版的画中看不到画家与刻工的技艺的断痕，水印版画与原始创作基本一致。胡正言能够很好地组织协调各个环节的工作，实现总目标。

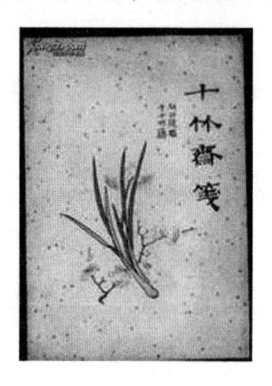

《十竹斋笺谱》图

《十竹斋书画谱》印刷技艺新颖，激发了人们的阅读兴趣。他的书出版后，大江南北，人们争相购阅，一时纸贵洛阳。

《十竹斋书画谱》的畅销，引起了读者与书商的关注，也引起了众多书坊的关注。于是一些财迷心窍的人，窃取胡正言的知识产权，出版盗版书。胡正言重印《十竹斋书画谱》时，告诫读者买书要鉴别真伪，识别版本，不要买盗版书。盗版书质量差，错误多，画面不清晰，失真。在《十竹斋书画谱》众多的盗版中，盗版技术较高的版本是"芥子园"翻刻本与"校经山房"翻刻本。

1679年，南京李渔的别墅芥子园出版了《芥子园画传》初集，书的作者是王擎。这本书刻印采用了《十竹斋书画谱》工艺；芥子园翻刻了《十竹斋书画谱》，翻刻本中有李氏、王安节、王箸等人的印章。芥子园翻刻本有几个版本，同一版本各分册加盖印章不一。如《果谱》

中香橼图，一册上盖"安节书画"印，另一册上盖"竹西"印，还有一册上盖"翰墨"之印，印章失真，迷惑了读者。

1879年，校经山房翻刻了《十竹斋书画谱》，书中说，因为原书流传岁月久，神韵尽失，需要校订重刻，翻刻是合乎道理的。这个翻刻本刻印粗俗，将原书的序言时间与作者姓名都改了。这哪里是合乎道理呢？

《十竹斋书画谱》的饾版、套色印刷的技艺，广为古代书坊和近代出版社所采用。清宫廷内殿版画册、民间年画等书画都采用了胡正言的技术。后来，《十竹斋书画谱》的技艺流传到了日本，对日本的刻版、构图、设色产生了很大的影响。《十竹斋书画谱》初传日本在1759年左右，以后陆续传入日本19批次，共91套。日本浮世绘文化受到了十竹斋工艺的深刻影响。

胡正言的饾版、套色印刷技术开拓了我国陶瓷画的新思路，扩大了我国陶瓷的知名度。

《十竹斋画谱》画图

胡正言饾版彩印的《十竹斋画谱》《十竹斋笺谱》的饾版工艺是出版印刷行业的新水平、新高度。北京大学图书馆收藏的明版《十竹斋画谱》的《梅谱》，每幅画配一首诗，上图下文，设色鲜美，栩栩如生。《梅谱》中的蜡梅与苍松相映。胡正言先用墨印一次，再用墨绿石青染松针，分为五种色彩，笔墨意趣体现在图版画中。《芥子园画传》《荣宝斋画谱》，日本浮世绘的饾版工艺，效果都不及《十竹斋画谱》。

三 《十竹斋笺谱》

《十竹斋笺谱》是十竹斋的杰作之一。《十竹斋笺谱》4卷33类，收信笺图集和角花图298幅，笺中乌丝栏，如云蓝麦光。

《十竹斋笺谱》卷1：清供8种、华石8种、博古8种、奇石10种、隐逸10种、写生10种、画诗8种，共7类。卷2：龙种9种、胜览8种、入林10种、无花8种、凤子8种、折赠8种、墨友10种、雅玩8种、如兰8种，共9类。卷3：孺慕8种、棣华8种、应求8种、闺则8种、敏学8种、极修8种、尚志8种、伟度8种、高标8种，共9类。卷4：建义8种、寿征8种、灵瑞8种、香雪8种、韵叟8种、宝素8种、文佩8种、杂稿16种，共8类。

《十竹斋笺谱》

书中每种画印制方法不同，卷 2 龙种类的蜥蜴、鳌鱼、螭虎、饕餮、金猊，用"拱花"彩墨套制；其"折赠"中画的枝和叶用彩色，花朵色彩用拱花印刷；"无花"8 种和"宝素"8 种画用素纸拱花；"南极""海屋""鹤书""鸾信"用彩墨与拱花技术，动态的云与水，用不着色的拱花技术。

《十竹斋笺谱》引言　　　　　　民国版《十竹斋笺谱》

《十竹斋笺谱》的古玩清供、名花奇石，素材取自历史故事、成语典故、神话传说。如其中孟竹、彩衣等取材于《二十四孝》，"周行""木瓜""标梅""雎鸠"取自《诗经》，"挂角"取自李密挂《汉书》于牛角的故事，"韦简"取自孔子读《易》的故事，"蠡湖"取自范蠡的故事，"渭钓"取自姜尚的故事。图中不现人物，以物隐喻。《十竹斋笺谱》图画着墨简练，寓意深远。

《十竹斋笺谱》画面布局小巧玲珑。图像涉及商鼎周彝、古陶汉

111

玉、山水人物、花卉虫草等，每笺高21厘米，宽13.5厘米，白口，四周单边。画幅小，刻印精致，笔法生动，画面匀称，《十竹斋笺谱》采用"饾版"和"拱花"技术，雅丽工致，300多年没有翻刻本，原本少见。现代荣宝斋生产了第一个翻刻本。北京大学图书馆收藏本是荣宝斋翻刻本。

胡正言善画，他发现优秀的图画，便把它雕刻出来。胡正言有深厚的学术修养，精湛的刻画技艺。为了临摹绘画，他在十竹斋中收藏了各种奇石名花，他的《十竹斋画谱》和《十竹斋笺谱》，是他日积月累的知识与素材的缩影。

胡正言的《十竹斋书画谱》封面　　　　胡正言的《十竹斋书画谱》

胡正言是高雅人士，他常与有才华的诗人画家来往，他的十竹斋是文人雅士的活动场所，他们在这里吟诗作画，雕刻印章，帮助胡正言完成《十竹斋画谱》和《十竹斋笺谱》的画、刻、印工作。

画谱的质量取决于这几个因素：原稿、木刻版画、刻工与印刷的技能。胡正言精选原稿、刻工。胡正言的家乡徽州，优秀的刻工很多，汪、黄两姓是刻字、刻画世家。《十竹斋画谱》和《十竹斋笺谱》是徽派刻工汪楷等人刻出来的。汪楷的刀刻线条纤细流畅，他刻的鸟雀羽毛

112

毛茸茸的，他能在理解原图的基础上，创造性地运用刀法，表现出原图的效果。饾版彩印，需要印刷工人很好地掌握纸的温度、色彩、释水与刷印轻重缓急。十竹斋印刷工人丰富的印刷技巧，使印出来的画和原作一致，很有神韵。

20世纪以后，铅版、锌版、坷罗版、铜版、胶印、影印技术传入我国。饾版套印速度慢，操作精细，不及现代技术易于操作，多数出版社不再使用饾版与拱花艺术。唯有荣宝斋一家继承、研究和发展了十竹斋的出版工艺。荣宝斋比十竹斋的出版工艺有了很大的发展和提高。

四　版本

《十竹斋书画谱》的版本复杂，根据《中国版画研究重要书目》记载，《十竹斋书画谱》的版本有8种，如：

1. 1627年十竹斋胡氏原刊初印彩色套印本；
2. 明代十竹斋原刻清初彩色套印本；
3. 1715年重刊胡氏彩色套印本；
4. 清乾隆年间重刊胡氏彩色套印本；
5. 1817年芥子园重刊胡氏彩色套印本；
6. 清道光年间重刊胡氏彩色套印本；
7. 1879年邱氏重刊胡氏彩色套印本；
8. 美国收藏的《十竹斋书画谱》版本。

美国收藏有初刻本与1643年晚明版本。美国波士顿图书馆收藏有9个藏本。据印章，可以辨认出该书收录了45位画家的作品，他们是1450—1600年间的画家。

现在中国国家图书馆收藏的《十竹斋书画谱》，其纸张、用墨、水色皆好，充分体现了中国画的水墨韵味。国内未见《十竹斋书画谱》的原刊本，法国收藏了一部开化纸《十竹斋书画谱》印本。

1985年上海"朵云轩"根据北京图书馆和辽宁博物馆藏本，逐页校勘，选精补缺，翻刻重印。此本为木刻水印本，全书16本，线装。

1987年台湾省影印本《十竹斋书画谱》，以"国立中央图书馆"（1949年前的南京图书馆）藏本为蓝本，陈立夫题签，宣纸影印，线装4册，印刷精良。

1952年由北京荣宝斋出版的《十竹斋笺谱》，全书4本，线装，于非暗先生题签，郑振铎作序。此书以1934年王孝慈先生藏本为蓝本，编者鲁迅、郑西谛，画者王荣麟，雕版是左万川，印刷人为崔毓生、岳海亭。此书印制、装帧俱佳。

五　胡正言对饾版、拱花工艺的贡献

明朝朝廷扶持图书产业的发展，元代只有著作3000余种，到了明朝著作近2万种。明中叶之后，随着商品经济的发展，图书消费群体扩大，市民文化蓬勃发展。明代的官刻、私刻、坊刻开始大发展。
明朝正德以后，书坊大兴，杭州胡文焕、徽州吴勉学、常熟毛晋的书坊天下闻名。当时的南京书坊林立，城南三山街一带，富春堂、广庆堂、世德堂、环翠堂、文林阁等书坊、书肆闻名天下。

胡文焕的文会堂编刻图书450种左右，徽州吴勉学出版了流传较广的医学名著，毛晋的汲古阁、绿君亭聚印匠20人，刻书40多年，600

余部。明朝的坊刻主要集中在北京、建阳、金陵、杭州、苏州、徽州等地。金陵三山街及太学前的书坊，以印戏曲、小说等通俗文学作品为主，戏曲类图书销售量很大。明万历时徽刻本、歙刻本图书精美，为收藏家、版本学家所喜好。万历年后徽派版画精美，在中国版刻史有特殊地位。

《十竹斋印谱》图的封面

图书生产的商品化促进了套版印刷技术快速发展。1108年的交子开始以朱、蓝、黑三色印刷，宋金时期的《东方朔盗桃图》用浓墨、淡墨及浅绿色印刷于细麻纸上，《南无释迦牟尼佛》采用丝漏印法。1340年资福寺刊刻无闻和尚的《金刚经注》，经文和注解为朱墨两色图书。1608年徽州黄氏刻《闺范十集》，加朱色眉批。不数年间，吴兴闵、凌两家套版印刷图书问世。闵齐伋于1616年与其兄闵齐华合作刻印了朱、墨套印本《春秋左传》15卷。他为了适应明代评点图书的需要，把书的正文印刷黑字，批点、注释印刷红字，这是最早的双色印本。凌濛初编撰的《初刻拍案惊奇》《二刻拍案惊奇》《西厢记》等图书附有很多彩色插图。凌氏刻书为了赚钱，编辑与刻印粗泛，但是色彩悦目。

明代宗教类图书使用了彩印技术。1391年刻的《七佛所说神咒经》，其扉页图画刻印精细。这以后，《观世音菩萨普门品经》有图41幅，《圣妙真实吉祥名经》《妙法莲华经》《金光明经》等都有精美的扉画。这些图画中，一部分作品是宫廷画师所绘，画面人物众多，布局合理。明代初期刻印的《道学源流》，书中的道家圣贤图像，苍劲古朴，很有韵味。《天皇圣道太清玉册》《老子道德经》中的图像是精致的版画。这些书中都插有彩色图画。

明宣德后，其他题材的彩色版画逐渐问世。明初刻《考古图》《全相二十四孝诗》的插图，金陵积德堂刻《金童玉女娇红记》86幅图，以及《圣迹图》人物版画图像，《武经总要》《饮膳正要》《农书》各类图书的木版画，书中大量图画与图像的出现，使得多色套印技术不断发展。

小说、戏曲图书中的建安派、金陵派、徽派三大版画艺术流派，采用了彩色印刷技术。

明万历时建安版画数量大，题材丰富，经史、诗词、类书、军事、医卜等书无所不包，小说与戏曲图书中插画最多。建阳余氏双峰堂、三台馆、萃庆堂等书坊出版的图书刊有插图，或上图下文，图画古朴稚气，属于大众艺术。

明万历年间金陵富春堂雕刻的版画书有百种以上，画面庄重、雄健。金陵世德堂版画与陈大来继志斋版画有徽派版风。富商大贾汪廷讷《环翠堂园景图》《人镜阳秋》等属于精美的版画。徽州刻工黄应祖、鲍守业等人在金陵操刀雕刻，为金陵版画的进步起了重要的作用。

徽州版画崛起，促进了彩色印刷技术的发展。1462年刊本《黄山图经》，版画婉约、隽秀、健美。虬村黄氏刻工的崛起是徽州版画走向成熟的标志。黄氏家族出现了几个刻字、刻画的名工圣手。徽州著名的刻工还有蔡鸣凤、王玉生、刘炤等人。

徽州名工常被请到苏州、杭州献艺，如歙县黄应光、黄应秋，旌德县郭卓然等。

明朝的刻本《花史》，徽州程大约滋兰堂刻本《程氏墨苑》，徽州黄一明刻《风流绝畅图》24幅，海盐张宗松清绮斋藏彩色套印《萝轩变古笺谱》图178幅，这些书中的绘画工致，色调和谐，艺术价值很高。1640年刊行的《西厢记》，绘刻者闵寓五，即闵齐伋，该书21幅彩图，刻印采用了饾版、拱花技法。图中描绘张生、崔莺莺的"对月联诗"，艳丽清雅，鲜亮温和，闪烁着人性的灵光。胡正言总结、吸纳了前人的刻印技术，发扬他们的优点，加上自己的创新，形成独特的工艺。

胡正言的《十竹斋书画谱》在1619年开始镂版，1627年刊成，比《萝轩变古笺谱》仅晚1年。《十竹斋书画谱》饾版刻印表现手法比《萝轩变古笺谱》更胜一筹。十竹斋的良工运用了"掸"的技巧，在浅色颜料的版面上，加一层较浓的颜色，画面浓淡相宜。

《十竹斋笺谱》4卷刊刻于1644年，书中绘刻有"龙种""文佩"等33类180余幅图。书中的花鸟亭宇、山水树石、韵事嘉言图，使用了饾版和拱花技艺，色彩鲜艳，工艺灵巧。

《十竹斋笺谱》中的花卉，如"凤子"八种，"折赠"八种的颜色，由浅入深。梅花花朵以拱花法表现。胡正言在绘稿、上版、刻制、翻套色板、修版、拓印等绘、刻、拓的步骤上，认真研究，灵活操作，不断改良，使得饾版、拱花工艺更臻完善。

《芥子园画谱》是胡正言饾版彩色套印法的继承和发展，"杨柳青"和"桃花坞"民间年画，是十竹斋画艺的重要分支。荣宝斋复制唐画《簪花仕女图》，是十竹斋饾版彩色套印法的再现。上海"朵云轩"根据明版《十竹斋书画谱》精心刻板1700余块，手工套印4万余次。在莱比锡国际书籍艺术博览会上，击败91个国家呈送的1万种参选书，《十竹斋书画谱》获得国际金奖。

杭州现在的十竹斋，应用木版水印技艺和丝网版画、铜版画、石版画、珂罗版画等工艺，把我国传统饾版与拱花工艺推到一个新高度。

117

六　胡正言对中国传统商业的贡献

　　胡正言晚年高卧紫峰阁，隐居林中，松鹤为友，山泉为乐，读书不息。宁波天一阁收藏的康熙二十四年聚星楼刻本《杏花村志》12卷，扉页左角钤有"金陵十竹斋发兑"长方印。这一行文字说明胡正言的十竹斋刻书是具有商业性质的。胡正言家原来从事盐业，他开十竹斋书坊，刻书、卖书，搞多种经营。十竹斋出版的书籍主要以文人阶层为销售对象，图书题材及风格反映了雅士的欣赏意趣。胡正言是卓越的书商。胡正言在图书经营方面，卓越之处有三点。

　　1. 重视产品质量《十竹斋书画谱》《十竹斋书笺谱》中刻印的画，多数是著名画家的作品，具有艺术代表性、典型性与示范性，出版图书的质量与图书的选材有直接的联系，高质量的选材决定了高质量的产品。这是他经商成功的要素之一。

　　2. 研究商品的生产技艺，提高产品的竞争力。传统商人习惯于官商勾结，利用权力获得特权，占据市场，不注重科学技术与工艺。胡正言研究刻书、印书的艺术，在技术上求创新。为了提高工艺，他在绘画、诗歌、书法、经书、医学等方面深入研究。

　　3. 胡正言善于组织管理，他为了提高图书的质量，把天下著名的画家、刻工、印刷工组织起来，共同努力，实现目标。

　　《十竹斋印谱》是十竹斋的杰作，胡正言熟练篆、隶、行各体书法，知道文字的象形、转注、形声、假借、会意、指事的原理，精通四书五经。胡正言篆刻印风，平实、豪放，刀法圆润，气息纯朴。胡正言的印艺得心应手，形态端凝，气韵生动，奇而不怪，委曲而不忸怩，古朴而不矜饰，令人佩服。

胡正言在绘画与印刷上，博采众长，同术合志，积极进取，不厌高深上下，远招艺人，善待他们，慎静尚宽，具有创新意识，是典型的儒商。他的雕版印刷技术是世界出版史上的里程碑。儒商胡正言以他的博学与工艺创造了新文化。

参考文献

[1] 胡正言. 十竹斋书画谱[M]. 北京：中国书店，1982.

[2] 胡正言. 十竹斋笺谱[M]. 北京：中国书店，2012.

[3] 潘天祯. 胡正言生卒、定居及启用十竹斋名的时间考察[J]. 北京图书馆馆刊，1995（z1）.

[4] 潘天祯. 胡正言家世考[J]. 北京图书馆馆刊，1994（z2）.

[5] 章宏伟. 胡正言生平及其"饾版""拱花"技术[J]. 美术研究，2013（3）.

[6] 周祎. 胡正言与十竹斋[J]. 兰台世界，2012（36）.

[7] 王伯敏. 胡正言及其十竹斋的水印木刻[J]. 东南文化，1993（5）.

[8] 王贵忱. 胡正言所刻书二种[J]. 广东图书馆学刊，1982（2）.

[9] 王贵忱. 记十竹斋《印存初集》[J]. 广东图书馆学刊，1981（2）.

[10] 霍艳芳.《十竹斋书画谱》多维探究[J]. 图书情报工作，2010，54（17）.

[11] 安海峰.《十竹斋笺谱》无色拱花技术考[J]. 装饰，2015

(6).

[12] 王达弗. 胡正言和他的"三谱"——印谱、画谱、笺谱 [J]. 东南文化, 1993 (6).

[13] 刘越. 从晚明画谱看当时文人的审美取向 [J]. 学术交流, 2010 (1).

[14] 王琳. 试论徽商经济对明清徽派版画的影响 [J]. 美术研究, 1999 (4).

[15] 李永林. 明代版刻与画谱 [J]. 美术观察, 2000 (9).

[16] 方利民. 论饾版技法的成因 [J]. 新美术, 2004 (3).

[17] 秦宗财. 明清徽州坊刻图书促销形式及特点 [J]. 中国出版, 2013 (10).

[18] 王春娜. 笺谱设计研究——以《十竹斋笺谱》为例 [D]. 北京：北京服装学院, 2012.

[19] 纪斐. 十竹斋版画研究 [D]. 北京：中央美术学院, 2015.

[20] 周进生. 明清画谱画诀初步研究 [D]. 北京：中国艺术研究院, 2004.

[21] 张瑜. 恢复记忆, 续脉传梓——回望十竹斋书画谱、笺谱 [D]. 南京：南京艺术学院, 2006.

河影星光共一楼——程梦星、程晋芳

　　暑气消残露气浮，晚凉高树系轻舟。荷承翠雨虚亭静，月挂微云水阁秋。

　　天上佳期无别绪，人生清味是同游.杯深不觉凭栏久，河影星光共一楼。

马曰璐《七夕汧江太史招集筱园》

　　徽州诗人马曰璐在程梦星的筱园雅集赋诗，诗中的筱园风景：暑消秋长，天高气爽，小船停在园林溪流的大树边，荷叶上的雨点晶莹明亮，水中小亭静立，月亮在薄云中漫度，上帝赐给我们良辰美景，与志同道合的人一起畅游，酒逢知己千杯少，诗意在楼台、星光、河影中涌动。

一　筱　园

　　歙县岑山渡程氏外出经商，一支人移居淮安，一支人移居扬州。经商富裕以后建设园林。如淮安美丽的园林程氏荻庄，程嗣立园林菰蒲曲，程氏寓园。晚甘园是淮安的名园，晚甘园雅集有程沆、程茹江、程述先等程氏族人写的诗。周振采、程晋芳等文人喜好雅集，赋诗觞咏。

（一）筱园景色

歙县岑山渡移居扬州的一支程氏，建有筱园。筱园园址在扬州二十四桥边。康熙年间此处，占地40亩。中间10多亩种芍药，药圃中有一个草亭。芍药园后种有8—9亩的梅花树，它与瘦西湖连成一片，芍药园北边有小山峰3座，烟云飘逸。1716年，翰林程梦星从北京回到扬州，买下筱园。他在园外湖边种荷花，水上建小亭。园中建今有堂（今日匹夫拥有天地灵秀）、修到堂（几生修得到梅花）、初月池（半规如初月）、南坡（土坡高越树端，上架一桥）、来雨阁（竹林中一阁）、畅余轩（畅余荫于山泽）、松庵（旁植古松草药）、藕糜（湖中荷百顷，朱华碧叶）、桂坪（桂树30棵）、枝上村、药阑、弹指阁。虹桥至保障湖岸边种桃插柳，画舫藕莲，美景一片。文人爱竹，马曰琯赠送的竹子栽植在筱园。为此，方士庶特绘赠竹图，题名"筱园"，由是程梦星的园林被称作"筱园"。1740年冬天，程梦星又在溪流边建一小亭，此地潭水清，筱竹翠，莲房芡实水上睡，亭名题为"小漪南"。亭柱上刻着一副对联"夕阳双寺外，春水五塘西"。

1755年，由于园主经济状况不佳，筱园失于维修，两淮转运使卢雅雨整治园林，在园中建三贤祠，祭祀欧阳修、苏轼、王士祯。"小漪南"改名"苏亭"，"今有堂"改名"旧雨亭"，新建一座"仰止楼"。1756年，程梦星逝世，其同年故友卢雅雨为了程氏妻小今后的生活，把筱园出售给汪廷璋，筱园改名为"汪园"。

（二）筱园雅集

扬州的程氏筱园、马氏小玲珑山馆、郑氏的休园，文人雅集天下闻

筱园　罗聘

名。风雅文士，招集四方名士，联吟谈艺，坛坫之盛，甲于大江南北。康熙后期，江南诗坛的江左15人，王式丹、吴廷桢、宫鸿历、徐昂发、钱名世、张大受、管棆、吴士玉、顾嗣立、李必恒、蒋廷锡、缪沅、王图炳、徐永宣、郭元釪，其中有状元、探花、进士12人，跻身相位与六部九卿者4人，殿撰1人，大宗伯1人，大学士1人。其中吴士玉、蒋廷锡、缪沅为诗坛明星，王式丹、顾嗣立、李必恒、郭元釪为诗坛要员，他们把庙堂诗歌与民间清淡娴雅的文风相衔接，推动了文化的发展。

清朝官员有意推动江左诗人群体的繁荣，发展雅歌诗颂。1725年，布政使鄂尔泰设"春风亭"，奉沈德潜、华希闵、杨潮观等人为座上客。乾嘉年间官员卢见曾、翁方纲、曾燠、阮元等人担当"风雅总持"，官商联动，呵护文人，滋养人心。

扬州商人凭借雄厚的资金积累，在私家园林召开诗会，结交天下文人雅士，塑造了一代儒雅商人的形象。程梦星的筱园是墨客骚人集结的胜地。

1717年，文渊阁大学士兼吏部尚书李光地回福建途经扬州，来到筱园。1716—1725年，诗人程亭、余霞白等人来到筱园。他们在筱园谈天说地，吟诗喝酒，给筱园带来了诗意。

1725年，程梦星的姨父胡期恒因年羹尧案牵连，革职入狱。天下文士受惊，程梦星的筱园沉寂多年。

1736年，程梦星从故乡新安回到扬州，在筱园主持秋社，"邗江诗社"成员厉鹗、全祖望、杭世骏、马曰琯、马曰璐等人参与活动，筱园文化恢复生机。

1740年冬，程梦星与文士在筱园溪流垂钓，赏荷采菱，饮酒酬唱。

1741年夏，马曰琯赠送竹子给筱园，程梦星借此开展文化活动，召集诗会。《漪南集》有诗《嶰谷作小引，邀同人种竹筱园，小师道人绘图，引用刘宾客和令狐相公赠竹二十韵赋谢》《雨后筱园种竹，嶰谷半查两君亦至，吟啸移时，漫赋长句》《筱园种竹，分得绝句二首》等。程梦星主持诗会，家庭戏班演出《桃花扇》，程梦星请文人们看戏，品戏。

1742年夏，程梦星建"五贮楼"于筱园。程梦星借机雅集，诗人们作诗《五贮楼咏五首》《五贮楼咏叠五首》《五贮楼落成书壁》等。五贮楼里有友人赠送的文物洪源方竹丈、泲子琴、绵津砚台、五茸笔架、味谏壶，以及程梦星购买的西域1000多布泉。这一年冬天，程梦星写的《乾坤靖》新剧在筱园演出。这些活动将筱园文化氛围推到新的高度。

雅集图

1743年扬州文会频繁，2月程梦星在筱园举行赏梅文会，程梦星作诗《癸亥二月十五日筱园对梅花成咏》；5月程梦星等人参与小玲珑山馆赏图雅集，他给《李遵道古木幽堂图》题字；7月程梦星与朋友雅集自己的园林小漪南，作诗《小漪南与西畴莲塘相对秋花转盏，7月7日同人赏咏，以林霁山诸景，菰蒲外买得鸥鹭等句，分韵得"买"字》；9月程梦星与朋友雅集于行庵赏菊，作诗《九日集行庵，供仇实父画，五柳先生像，用杜樊川"人世难逢开口笑，菊花须插满头归"分韵得"世"字》；10月马曰琯从金陵移来古梅，植于小玲珑山馆，程梦星作《金陵移梅歌》；同年10月，程梦星等人集于南斋，作诗《新秋雨后集南斋，分用昌黎秋怀诗韵，得诗十首》；这一年冬天，程梦星朋友14人到浮山观看壁间《山海经》塑像，作诗《浮山禹庙观壁间山海经塑像，排律30韵，分得"佳"韵》；同年冬天，汪士慎与高翔合作，为马曰琯绘10幅梅花图，程梦星在小玲珑山馆作《梅花纸帐歌》。这一年程梦星65岁，这一年是他文化活动最多以及与社会交往最频繁的一年，也是他生活轻松自如的一年。这一年筱园举办雅集2次。

125

徽州儒商 >>>

1743年2月，杭世骏在考选御史对答时务策时，指出清朝满人高官多，汉人高官少，不合理。乾隆皇帝将他革职。杭世骏来到扬州，程梦星等人在筱园召集文会欢迎他，马曰琯相继在小玲珑山馆举行欢迎诗会。

1744年的文会在筱园举行，胡期恒等74人参加，规模空前。

程梦星在筱园举行的文会，主题包括赏雪、赏梅、评图等。他们的诗歌有各种表达方式，其一为分韵联诗，如程梦星作《二月五日集筱园梅花下，用香山诗为起句得"虞"韵》：

二月五日花如雪，一十三人旧酒徒。入眼春光须共惜，隔年风景未应殊。

红灯照水香凝堕，纤月穿林影不孤。莫待愁人飘万照，续游明日好看无。

其二诗牌集字赋诗，如程梦星的诗"古人会聚为诗，有探韵迟联之法，近世乃制诗牌集字，殆仿周兴嗣千文遗意，或字不给思韵不称辞，难于探韵，迟联远矣。今约定百二十字，分题互送，骈珠缀玉，各尽所长，即以诗牌集字为题，赋古诗一首"。这种方法是从《千字文》中选120个字，刻于象牙牌上，分为六盘。文会6人一组，每人挑选1个象牙牌，按韵脚某字作诗，在规定时间内完成。限韵作诗，参与这种诗歌竞赛，有的苦思冥想，急上心火，而善诗者则悠悠然，每个人在文化炉火中陶冶，尽显才华。

其三摸牙牌赋诗，牙牌上绘有扬州24景图，以牌上画景作与古人切题的诗句，不能及时出诗者则罚酒一杯。这24景是：拳石洞天、西园取水、虹桥揽胜、冶春诗社、长堤春柳、荷浦熏风、碧玉交流、四桥烟雨、春台明月、白塔晴云、三过留踪、蜀岗晚照、万松叠翠、花屿双泉、双峰云栈、山亭野眺、临水红霞、绿稻香来、竹楼小市、平岗艳雪、绿杨城廓、香海慈云、梅岭春深、水云胜激。

其四分咏，如程梦星作《分咏扬州古迹得"康山"》《分咏扬州古迹得"争春馆"》《小漪南荷亭分咏荷花故事得"万柳堂"》。

现摘其《二月七日同人集筱园分咏得书声阑影二首集字》，其一《书声》：

雅爱书声好，偏传茅屋中。微吟和夜月，高咏与春风。

萤冷光能映，灯残影不红。归来头白早，余味自无穷。

又如：《程泮江编修招集筱园水亭分韵》：

虚亭俯烟渚，客到眼初明。沙柳侵天影，风蒲学水声。

醉宜摇棹去，诗向倚阑成。地主饶幽兴，流连待月生。

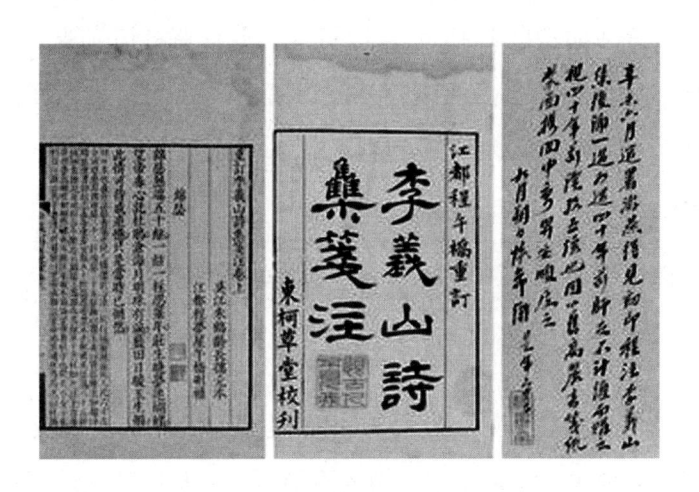

程午桥编订的书

诗会，是一种高雅的玩耍。一次在小漪南园林集会时，有水亭，杨柳，芙蓉，露涵，云锦，风光绮丽。诗人们乘舟踏舷，歌声激越，水鸟惊飞，在虹桥烟月观光的人以为是哪里来的神仙，谁知这是富商与文人的诗会！

每园花报放，携诗牌酒杯，与诗社友人雅集，为一时风雅。筱园重修后不久，便成为扬州的一道风景。

筱园的活动，自1715年至1725年，程梦星主要和唐饭山、程亭、余葭白、谢前义等江左15子交往。自1725年至1735年，因诗坛重量级人物胡期恒革职入狱，有的诗友亡故或离去，诸人散处四方，这期间筱园冷落无集会。自1735年至1745年，筱园文会进入高潮。1736年，程梦星从新安故里回到扬州，在筱园主持了秋社，拉开筱园文会的帷幕：邗江诗社成员厉鹗、全祖望、杭世骏等浙派诗人，马曰琯、马曰璐等徽籍盐商诗人参与了秋社诗会。1743年筱园文会达到顶峰，2月在筱园以梅花为题咏诗，7月在小漪南赏景分韵写诗。这一年程梦星还参加了其他的雅集活动。自1745年至1755年，邗江诗社诸人集方环山斋赏明宁王画，在行庵悼念唐建中，举行雅集。1755年开始，程梦星身体情况不佳，很少参加文会雅集，程氏筱园文化活动盛况不再。

二　盐商世家

程氏是徽州第二大姓，歙县岑山渡程氏是该县槐塘程氏的一个支脉。徽州山多地少，交通不便，粮食不能自给。从明朝永乐至景泰年间（1403—1456），前后半个世纪，随着人口繁衍，生活越来越困难。于是岑山渡九世祖程大典带着5个儿子迁居扬州府江都县，他们在那里经营盐业。清康熙年间，盐商之中设总商，半官半商，当任者应具备两个条件：家道殷实，明白晓事。

总商对巡盐御史负责，巡盐御史是官方代表，总商是盐业企业代表。程梦星的曾祖父（岑山渡程氏的十一世孙）程量入（1612—1694）、祖父程之韺（1624—1693）均为两淮盐业总商。盐业总商一方面负责每年向千家万户出售食盐，一方面要负责向政府纳税。他们尽忠尽孝，为人仁义宽厚，乐于为众盐商谋福利。程氏家族经营盐业的规模很大，家里积蓄了大量的银两。

康熙年间，程之韺捐资平定三藩叛乱，朝廷赐给五品官服。程之韺天性慷慨，持身正直，助人利物，他爱读书，通晓历史，享有盛誉。程梦星的父亲程文正（1661—1704）不直接经商。他在1691年中进士，授翰林院庶吉士，官至二品工部都水司主事，撰有《仁庄集》等。

岑山渡九世祖程大典迁居扬州江都以后，程之韺的一个儿子程文阶迁居淮安山阳。程文阶有2个儿子，其长子程梦州，程梦州的长子程志铨在扬州经营盐业，二儿子程晋芳在淮安山阳继承家业。扬州、淮安都是岑山渡程氏经营盐业的场所。他们在这里形成了产、运、销一体的盐业组织。淮北盐运分司驻安东（今江苏涟水县），徽商聚集在淮安河下，他们呼朋引类，互相扶持，结成商帮。徽州的黄氏、汪氏、程氏盐商成为业界龙头。程氏盐商24户，占当地盐商的三分之一。

程氏多园林，如柳衣园、籍供堂、二祀堂，曲江楼、云起阁、涌清轩，晚甘园，不夜享，斯美堂、策竹山房、可以园、竹石山房，旭经堂、里砚斋、茶话山房、味歌吾庐、无尽意山房、三离晶舍、奏其有容之堂等。

淮安盐业鼎盛时，诸商声华煊赫，锦衣绮罗，食厌珍肴；街巷里人声鼎沸，园林花石，斗巧炫奇。除夕、元旦、清明、端午、中元、中秋、腊八等节，街衢巷陌、东湖之滨，锣鼓喧天，竹歌悦耳，雅士文社，四方名流，联吟谈艺，坛坫之盛，甲于大江南北。行德者，振贫济

筱园饮酒图　罗聘

弱，世人望风而趋。舟车杂还，沟渠波流，道路纵横。每当社节，锦绣幕天，笙歌聒耳，游赏无虚日。

《两淮盐法志》云：岑山程氏一支来淮，居河下，其居宅为"五字店"商号。大批程氏人士，如程增、程鉴、程锤、程易、程固安、程朝宣、程晋芳、程巨函等人，都是淮安著名的盐商。盐商富有，人文蔚起，甲第相望，标扬冠冕，人文鼎盛几百年。

康熙年间徽商集资在河下竹巷建魁星楼，祭祀魁星，文光四射，希望上帝福佑徽商子弟，弦诵鼓歌、科第骄集。徽商崇儒，他们尽力培养子弟中举，或使子弟诵经通史，知书达理。淮安程氏以文显名的很多，如：

程嗣立，喜读书，善书法、绘画、吟诗。

程梦星，进士，翰林院庶吉士，编修，著有《今有堂集》。

程锺，著有《淮雨丛谈》《淮郡典故》《义贞事迹》《萧湖浏览记》等。

程用昌，著有《亦爱堂集》，为诗清警真朴，古体尤高。

程志铎，程晋芳从弟，工词，著有《留研词》一卷。

程增，擅长书法，擅画梅花，著有《碧岑诗钞》《闽游草》。

程垲，举人，好读书，工诗文，著有《有怀堂稿》。

程銮，著有《只拙斋诗钞》七卷、《意息集》一卷。

程哲，著有《容槎蠡说》。

程沆，著有《瀣亭诗钞》《石莲堂文集》《咏歌吾庐课艺》《甘白斋诗集》等。

程益，著有《鸿雪忆存草》。

程锁，著有《莞然山房诗草》。

程得龄，著有《人寿金鉴》《枣花楼诗略》《字书四种选刻》。

程擢，著有《厚余堂古文》等。

徽州商人崇尚儒士，注重科举及第。嘉庆《两淮盐法志》卷49科举志记载：明代两淮科考，中进士的共137名，歙人70，陕西30，山西6，土著31；中举人的共286名，歙人162，陕西42，山西9，土著73；中贡生的共88名，歙人3，陕西3，山西1，土著81。

程姓中进士的有程邃、程梦星、程名世、程晋芳、程茂、程卫芳、程志乾、程沆、程洵、程赞和、程赞皇、程赞宁、程赞普、程恩泽等人。中举人的有6人：程治、程垲、程鏊、程光奎、程建用、程华年；中贡生的有10人：程襄龙、程世杰、程世栋、程固安、程世椿、程绛、程纲、程擢、程捷、程业勤。

131

徽州人经商是手段，从儒是目的。经商、读书、科举、做官，成为徽州商人的各个不同时期的目标。扬州程氏经过一系列的努力，成为官宦之家，门庭兴旺，光宗耀祖。据扬州方志统计，岑山渡程氏家族成员明末到清朝前叶在朝廷任县级以上的官员有18人。在明朝天启、崇祯年间：程大功任内阁中书。在康熙年间：程澎任刑部员外郎，程汲任道员，程健任户部郎中，程封任知县，程藻任知县，程堪任知府，程式伊任判官，程起周任知州，程埙任知府，程堦任职府同知，程均任训导，程溥任知州，还有翰林程梦星。在雍正年间：程哲任户部员外郎，程梦蛟任通判。在乾隆年间：程凤文任知府，程晋芳任翰林院编修。18个官员任职时间分布的状况是：明朝1个，康熙年间13个，雍正年间2个，乾隆年间2个。数据说明，扬州程氏在康熙年间是它的鼎盛期。这18个官员中，对社会影响较大的是程梦星与程晋芳两人。

三　程梦星

程梦星是槐塘程氏第五十四世孙，岑山渡程氏第十三世孙。程梦星清华望名，冠盖江淮，他筑筱园于湖上，诗酒宴会，风流群集，后进望若龙门，举手投足，对淮安河下文风有很大的影响。

程梦星（1678—1755），字午桥，或伍乔，号汧江、香溪。他1712年中进士，继而为庶吉士，任职翰林院编修。程梦星的祖父程之韺，捐资作政府的军费，朝廷赏他五品顶戴。

程梦星的父亲程文正，原名渭熊，字纷山，号范村，程之韺次子。擅长诗词文章、书法。他于1691年中进士，翰林院庶吉士，任职工部都水司主事。著有《仁庄集》《水部遗诗》等。20年后，程梦星中进士，父子都是进士、朝廷命官，使得扬州程家门楣大放光彩。

程梦星的外祖父汪懋麟，1667年中进士，他任职中书舍人，撰有《百尺梧桐阁集》《明史拟稿》等。封建社会的婚姻建立在门当户对的基础上，名人对名人，官府对官府，这样形成一个互生的官吏关系链，使得家族的政治、经济实力更加强大。

程梦星1678年农历二月二十五日出生于歙县岑山渡，少年时期在毗邻的旌德县江村读书。程梦星闲暇之余，琴棋

程梦星

书画、填词度曲，有诗《江村十三咏》《乞瑶草二十二章》，描述了这个时期的生活。1702年，程梦星和三叔父程文蔚一起参加省试。1704年程梦星27岁时，其父辞世。1711年，33岁的程梦星中举。1712年，程梦星考中进士，任翰林院编修。1715年正月十五，程梦星的母亲汪氏辞世，程梦星请求告归获准。告归后，他再也没有复出。

程梦星著作等身，他的著作有《今有堂集》10卷。程梦星编纂和参编的著作有《重订李商隐诗集笺注》3卷，《李商隐诗集外诗笺注》1卷，《重订李商隐年谱》1卷，《李商隐诗话》1卷，《江都县志》20卷、图1卷，编纂《扬州府志》40卷，《平山堂小志》12卷。

《今有堂集》10卷包含有《今有堂集》4卷，《后集》6卷，附《茗柯词》1卷。《今有堂集》收集了程梦星50岁以前的作品。其中《江峰集》《分黎集》作于北京；《香溪集》咏黄山诸胜，《畅余集》作于杭州。《今有堂诗后集》收集了程梦星在1725年以后的作品，各卷

书题名为《畅余集》《漪南集》《五贮集》《山心集》《琴语集》《就简集》，胡期恒、马曰馆、陈章、邵泰、姚世钰、刘师恕为各卷作了序。《今有堂集》收诗1247首，《茗柯词》收词74首。

程梦星一生写了大量的山水田园诗，主题涉及黄山的云海、瀑布，筱园十景：今有堂、修到亭、南坡、来雨阁、畅余轩、松庵、红药栏、藕縻、桂坪等。

程梦星写了大量的读史和怀古诗，包括他少年时的作品以及晚年对世事的感悟。他写的梅花十咏诗，主题涉及忆梅、梦梅、寻梅、乞梅、折梅、嗅梅、浸梅、浴梅、惜梅，他对梅花一往情深。

程梦星入仕以后，在京交友很多。他与文渊阁大学生李光地下棋、诗歌酬唱。这个时期，他结交了翰林院编修陈梦雷、"帖学四大家"之一的何焯、诗人方世举、书法家方贞观、户部侍郎王原祁、经学家刘师恕及方觐、诗人郭元好等，他还与同榜进士、学者官员顾嗣立、杜诏、沈树本、王澍、徐葆光、舒大成等人来往频繁。商人家庭出身的程梦星此时已经成为士林的一员，身份与地位发生了根本性的变化。

1712年与程梦星同榜考中进士在京任职的8人中，顾嗣立风流文雅，撰有《秀野草堂诗集》。杜诏是庶吉士，撰有《云川阁集》。沈树本是榜眼，任翰林院编修，著有《德本录》等。王澍是五经篆文馆总裁官，吏部员外郎，撰有《禹贡谱》。徐葆光任琉球副使，赐一品官服，撰有《二友斋诗集》。舒大成撰有《九松山存稿》。同榜进士是人际关系的一种纽带。凭着这一条纽带，他们互相造势，互相帮扶，相互支撑，在京城龙虎地，形成舒心伸腿的小天地。

程梦星从盐都来到京城，社会交往面扩大了，接触人的品级提高了，开阔了视野，丰富了生活，为他以后的发展提供了良好的条件。

1716年，38岁的程梦星从京城回到扬州。他动用经营盐业积累的资金构筑筱园。筱园建成以后，他延揽学子名流，学者、艺术家、诗人，开展一系列文化活动。筱园文气浓郁，增添了扬州文化的风采。筱园也是天下文人的集聚地，学术活动的培养地。

筱 园

厉鹗，钱塘（今杭州）人，著名学者。1720年考中举人，他不愿参加博学鸿词考试，住在马曰琯的小玲珑山馆著述。厉鹗与程梦星交往甚密，1726年，厉鹗为程梦星的书《畅余集》作序；1742年马曰琯、马曰璐在小玲珑山馆资助厉鹗纳妾，程梦星作《樊榭新纳姬人二绝句》。1743年9月，程梦星与厉鹗一起参加行庵文会，厉鹗有《九日行庵文宴图记》。1744年，厉鹗为程梦星《李义山诗集笺注》作序。1750年夏，厉鹗从扬州返回故里，程梦星等人在行庵举行送别文会，厉鹗作诗《齐天乐·庚午夏五将归湖上留别邗江吟社诸公》。1751年9月，厉鹗从杭州来到扬州，程梦星等人在行庵举行欢迎文会。1751年秋天，厉鹗辞世，程梦星与朋友在行庵设位祭悼。厉鹗、程梦星、马曰琯，他们亲密无间，同是挚友。马曰琯与程梦星是徽州同乡，同在扬州，同为盐商，一同组织诗会，共同造福文林。

全祖望是文学家、史学家。全祖望寓居小玲珑山馆校《水经注》。

程梦星钦佩全祖望的人品与风骨。程梦星与全祖望常在一起读书，谈论经史。1746年5月，程梦星与全祖望共同参加在行庵举行的文会；1754年，程梦星送全祖望归杭州。他们曾经一起在小漪南湖边观看荷花，一起在环溪草堂赏花赋诗。

程梦星与同乡马曰琯是富商，很多文化活动是由他们联办的。1745年，程梦星与马氏兄弟在方环山家中一同观赏明代宁王的画，写了题画诗。同年秋天，程梦星请诸位诗人共饮"秋露"酒。1753年夏天，程梦星与"二马"集会小漪南观看荷花。1755年，程梦星逝世，马曰璐作《哭汫江太史》诗：

书签琴荐看仍在，砚具炉熏卒未移……何处平生迹最宗，青苔门巷往来频……，从知名秩寻常事，只为情深泪滴书……忍看闲房诗板在，暮帆驰影落平田……，他年羊酒凭谁主，此日琴书一怆吾。

诗的字里行间显示出他们的文情、友情、乡情、感情、事业情。

胡期恒，举人，雍正二年（1724）迁陕西布政使，雍正三年（1725）因年羹尧案牵连入狱。高宗时获得自由。胡期恒是程梦星的姨父，他们又是诗友。1737年左右，他们开始文会唱和。程梦星与姨父一起纳凉，一起看戏（程梦星剧本《万丈焰》）。程梦星与胡期恒是亲戚，又是学术友人。

1737年，扬州蜀冈凿池时发现一座古井，井边古砖刻"殿司"二字。井水甘甜，为天下第五泉。程梦星与诗友观看题诗："新凿方塘十亩宽，小桥低亚跨清湍。来寻山下泉重出，合试天边月一团。国宝纪年犹可识，'殿司'遗字未全残。争知第五应谁是，赢得游人取次看。"

程梦星爱茶，筱园"五贮楼"里，存放着朋友赠送的琴、砚和味谏壶，他爱鉴赏茶壶。程梦星曾与扬州候补员外郎张四科用惠山泉煮茶赋诗。

程梦星曾为方士庶画的《冷泉亭图》题字，与陆钟辉、王藻、陈章诗歌互答。

回到扬州的程梦星仍然是商人，但是没有人想到他是商人，他俨然是一个超越世俗的文人。

卢见曾与程梦星同为1711年的举人。1736年卢见曾到扬州任两淮盐运使。同科举人，一线相连。程梦星邀请卢见曾一同游览平山堂，一同作诗，又邀请卢见曾来筱园赏梅唱酬。1740年9月，卢见曾被贬塞外，程梦星作诗送行。程梦星仙逝以后，卢见曾为其安排家庭与园林，他提议将程梦星供奉于扬州"三贤祠"中，未得到朝廷批准，但朝廷官员视程梦星为"乡贤"。

在筱园里，程氏宗亲也参加了程梦星组织的文化活动，如：程名世、程晋芳、程茂、程卫芳、程志乾、程鸣、程沆、程洵、程名世等人。在程氏子弟中，程梦星与程晋芳交往最多。程晋芳写诗《家泮江伯父弹指阁老树，为风雨所拔，用少陵榕树韵》等，赞扬程梦星为文坛盟主，推重叔父的人品。程氏本是盐商世家，这时俨然是书香门第。

程梦星在扬州交往的友人还有浙江会稽人商盘、山阴人盛唐、钱塘人符曾、山东胶州人高凤翰、徽州人江春等。

程梦星的筱园是诸公雅集的胜地，筱园风景供人游览。初春，二月五日花如雪，疑坐孤山最上层。夏季，风清露白月残时，体会莲花高文韵。博学宏词陈撰与布衣盛唐馆于筱园，诸生张铨为程氏绘扬州二十四景及金山、焦山图画。程梦星为桐城方苞刻《望溪全集》。李光地、程亭、余霞白等人在筱园与他谈天说地，筱园里盛满友情与诗意。

程梦星是一个盐商。他经商，不言商，积极投身于各种文化活动。

他是文化活动的参与者，又是文化活动的资助者，更是文人学术活动的关爱者。他情调高雅，维护道义，是一个出尘脱俗的商人。

四 程晋芳

程晋芳（1718—1784），又名志钥、廷璜，字鱼门，号蕺园。程氏经营盐业于淮安山阳（今淮安市楚州区），淮安河下镇石板街太史令巷，是程晋芳旧居所在地。

程晋芳曾祖程之韺，程之韺共八子，第8子为程晋芳的祖父程文阶，第2子程文正是程梦星的父亲。程梦星是程晋芳的叔叔，程晋芳之父是程梦州。

程晋芳《兄溉堂墓志铭》（《文集》卷6）记载，程氏照顾故乡歙县岑山贫无养者70余家人的生活，使寡妇安心守节，孤子成家立业。程晋芳父亲逝世后，其哥哥继承父志，20余年孜孜不倦地照顾宗人。在淮安，他们兄弟三人接屋而居，100多人在一起过日子。程家延接宾客，天天有宴会集社类的活动。

程晋芳

程晋芳出身于盐业世家，家资殷富。他仗义疏财，南来北往的文人骚客乐于驻足他家，谈诗论艺。程晋芳信守程朱理学，博古厚今，学以养心，孝悌慈惠，希贤希圣，视朋友如性命，救人于危难，济人于火急。他古道热肠，交遍海内，闻达天下。海内文士纷纷来奔，如龙鱼之趋大壑。

程晋芳秀眉方颐，美须髯。吟诵得意时，阔步宽衣，袍褶生风，貌似洋人。他不仅文品好、诗品好，人品更佳，是贤者风范。

乾隆初期，两淮殷富，盐商多畜声色狗马，程晋芳独自好学。程晋芳家中藏书5600余卷（《文集》卷2"桂宦藏书序"），其父喜欢收藏古代的图书、书法、名画及鼎、彝等文物，眼睛失明以后，还手持文物摩挲鉴赏。程晋芳13岁时，就喜欢阅读各种图书，好学不倦。他60岁时，每天还安排课程，温习经史，记诵古人诗文。他遍览四海九州秘本，皇宫大内藏书。为强化学习，他每读完一册书，往小罐子里贮存一粒红豆，以此记载他读书的数量。程晋芳有良好的家学渊源，其母通文史、星相。1736年9月2日，程晋芳与其母从兄之女萧氏缔结良缘，续娶汪氏。他天生聪颖，刻苦好学，再加上程廷祚、程嗣立、方贞观、刘大魁等名家的指点，为他日后的学术成就奠定了基础。

程晋芳是个勤奋的文人，他一生著作等身，今人可见的有《勉行堂文集》《勉行堂诗集》《诗毛郑异同考》《蕺园诗》《群书题跋》《礼记集释》《诸经问答》《春秋左传翼疏》《尚书古文解略》《尚书今文释义》《程鱼门选七言古诗》《桂宦书目》《正学论》13种。

《勉行堂文集》内涵论文、考辨、读后感、序跋、记叙文（见于集中《三长物斋记》《三长物斋后记》《淮阴芦屋记》《话雨亭记》《记艺菊事》），书信（见于集中《与家绵庄书》《与陆孝廉书》《与周青载书》《与梅二如书》），墓志铭、哀辞、祭文、人物传记（见于集中《文木先生传》《晚甘先生传》《严海珊小传》）等。

《勉行堂诗集》25卷，卷首进御诗，篱东集、春帆集、索米集、刻褚集、白门春雨集、桂宦集、小金台集上、小金台集下、拜书亭稿、洴江前集、洴江后集、日下初集、日下二集、寄藤集、得酒集、照楹集、曰艾集、无告集、南船小草、吴楚之间集、楚豫之间集、南曹暇稿。程晋芳以诗闻名天下。他的《勉行堂诗集》25卷，共存诗1876首。袁枚写诗赞扬程晋芳：

束发恰暗便苦吟，白头才许入词林
平生绝学都探遍，第一诗功海样深

程晋芳的作品丰富，内容涉及诗、文、经学、目录学、教育等诸多领域。

程晋芳于1762年中举人，1771年中进士，历任吏部验封司、文选司主事、翰林院编修、武英殿分校官、会试同考官。程晋芳的父辈一代，涌现出16位太学生以及10位州同知。从康熙四年（1665）到乾隆二年（1737），程氏家族共得到44道朝廷诰敕。这样的家族，在封建社会是相当显赫的。这是商儒互动、由商转儒的典范。

李调元的诗《忆中翰程鱼门晋芳》（《童山诗集》卷九）写道：

当代著述才，髯翁帝所简。五百文撑肠，万卷书在眼。
濡毫中书堂，鸿裁多手撰。风骚推老将，登陴气自俙。
睹其笔阵雄，大苏名无敌。典籍互纷乱，苦由后人扆。
君独一手定，缀补羽陵蠹。纵横叩石渠，真如肉贯串。
三长侍天禄，四海走碑版。至今天下士，踏破铁门限。

（一）程晋芳的诗

袁枚说，程晋芳诗功比海洋深。程晋芳善于写诗，他写了各种内容、各种题材的诗，具体归纳大致有以下十种。

1. 进御诗，如《圣驾三幸江浙诗并序》《圣驾南巡恭记五言诗百二十韵谨序》等，歌颂皇上至孝、无疆、殷切、法祖、勤民、皇恩浩荡等等。程晋芳因献诗得到天子嘉奖，赐得中书舍人。

2. 送别、怀念诗，程晋芳这类诗数量较多。如《送袁明府存斋之任江宁二首》《赠别刘太史印于三首》等，诗中感情真挚。怀念诗如《寄怀严冬有三首》《怀人诗十八首》，辞意深切。

3. 游玩、赏景、听琴、饮酒诗，如《中秋同人泛舟珠湖作》。

4. 感悟诗，如"题夏相人《囊中集》后"。

5. 唱和诗，如《和袁存斋〈春草〉二首》，意境较为洒脱。

6. 咏史、怀古诗，如《咏史》《汉宫词》。

7. 题画诗，如《洛神图》《题韩熙载夜宴图》。

8. 杂诗，如咏鸭、莺、蝶、树、月等诗，咏水车、煤车、酒车、冰车、泪车等诗，《杂诗十三首》。随感诗，如《舟中读书》《曝书》。

9. 乐府诗，如《乐府二十首》。

10. 歌行诗，如《养蚕行》。

程晋芳的诗歌善言感情，情思绵绵。诗中没有丝毫商人牟利的情愫。

（二）程晋芳在北京

程晋芳40多岁时，1762年乾隆南巡，程晋芳献赋，召试拔第一，赐中书舍人。1762年冬举官北迁，居家京城。1773年2月，《四库全书》开馆，经众名士的举荐，程晋芳任职四库馆纂修，担任文渊阁校理，武英殿分校官，总目协勘官，协助纪晓岚编写《四库全书》总目。程晋芳辑校的图书，没有发现一点错误，赢得了皇帝的嘉奖。

1779年，程晋芳与洪亮吉、黄景仁、翁方纲、蒋士铨、张埙等人在京结都门诗社，诗歌酬唱结友谊。闲暇时，他们一起赏景品茗，吟诗论画，把玩文物。每当重要节日，喜庆集会，他们吟诗、品赏古书、古玩。这些学术界的精英的活动，深深地影响着当时的学风与文风。

（三）程晋芳与《儒林外史》

1741年，程晋芳24岁，吴敬梓41岁，他俩相识在南京。当年年底，程晋芳邀吴敬梓到淮安做客，吴敬梓在程晋芳家里住了几个月。是年冬天，吴敬梓来到淮安，程晋芳安排吴敬梓住河下萧湖别墅。他们一起研究诗词歌赋，互相赠答唱和，宾主极为融洽。1743—1749年，吴敬梓因家庭生活困难，多次住在程晋芳家，在程氏园林里读书，著述。

1754年10月，吴敬梓到扬州，这是程晋芳与他在扬州最后一次相见。这时程晋芳经济状况开始衰败。他们在一起酣饮，醉后诵杜牧诗"人生只合扬州死"。几天后程晋芳回淮，吴敬梓将他一直送到船上。吴敬梓于当月28日逝世。程晋芳闻讯后伤心地作了《哭敏轩》诗三首，并写了《文木先生传》。

吴敬梓在与程晋芳的交往中，接触了社会上各种人物，这为他创作《儒林外史》提供了丰富的素材。《儒林外史》书中许多人物与程晋芳及淮安都有联系。例如，书中的人物庄徵君是以程晋芳的族祖程廷祚为原型创作的。程廷祚是吴敬梓敬佩的人物，程廷祚讲究操守，不攀附权贵。《儒林外史》第34回至第49回的庄徵君，十一二岁就会做7000字的赋，礼部侍郎徐某推荐他，太子太保欲纳他为婿，但庄徵君不答应。他闭门著书，不妄交一人。

庄徵君的族侄庄濯江是以程晋芳为原型塑造的。《儒林外史》第41回中的庄濯江，能诗能画，他隐去翰林身份，经商。他的眼睛老在才女沈琼枝身上转溜。沈琼枝为常州沈大年之女，生活艰苦，其父将她嫁与扬州盐商宋某，宋家以妾纳之。沈琼枝不愿做妾，她改装逃至南京，被江宁知县拿获。沈琼枝当庭作诗，知县赏识，给她作了妥善安排。《儒林外史》中沈琼枝的原型，是松江女子张宛玉，她误嫁淮安盐商程某，张宛玉不耐其俗，逃往南京，得到江宁知县袁枚妥善安排。程氏家族成为《儒林外史》描写素材的原生地，可见吴程两家往来密切，吴敬梓洞悉程氏家族的生活。

《桂宦集》一诗小注：冯曾遇假仙于浙水，被吴敬梓用于《儒林外史》"马纯上遇神仙"。

程晋芳称赞吴敬梓的《儒林外史》人物刻画栩栩如生，是不朽的著作，有魏晋六朝文学的风尚。程晋芳将《儒林外史》刻行于世，实现了吴敬梓生前的愿望。

（四）程晋芳与袁枚

袁枚（1716—1798），字子才，号简斋，钱塘人。1739年中进士，庶吉士，任溧水知县，江宁知州。丁父忧，终不复仕。卜居江宁小苍山，号随园。袁枚在淮安与程氏有合股经营的盐业，所以他常住程家，经常与程晋芳讨论诗文至深夜。

袁枚看到程晋芳生活奢华，高谈心性，不事生产，常以儒者治生的道理规劝他，要他开源节流，量入为出，谨慎持家。程晋芳明知江河日下，但是无法改善管理现状。程晋芳的家业由家奴经营，家奴在无人监督的环境下，大胆侵权盗窃，经营的资金大量流失，赢利越来越少。程晋芳本人不善管理，用钱无节制，又乐于助人，一如既往地挥金如土。

虽然朝廷给予他俸禄，但这仅如沃雪填海，他负债山积。后来他借债度日，生活不能为继。1784年4月，程晋芳告假动身赴陕避债，在到达毕沅署中后病死。毕沅"邗上喜晤程鱼门晋芳"（《灵岩山人诗集》卷6）赞程晋芳："林壑骋怀吟不尽，金钱随手散无余。肝胆千秋荼一袋，二分明月照窗虚。"

程晋芳去陕西前写信给友人袁枚，说他要在南京购买新宅，准备归老南京，与袁枚为邻。1784年秋，程晋芳丧于秦中。噩耗从陕西传到岭南，袁枚从岭南相距五千多里地赶到陕西，护送程晋芳灵柩回到南京，葬于金陵冯家山。袁枚安排好友人程晋芳的妻妾及其他共10余口人，焚毁程晋芳生前借袁枚5000两银子的借据，尽到了朋友应尽的责任。脱贾入仕的程晋芳，在商场与官场都没有站稳，便衰落下去了。

（五）程晋芳的藏书

程晋芳的藏书楼名"桂宦楼"，他的藏书上钤有"桂宦"藏书印。桂宦楼采用天一阁图样，上下楼六间。楼前栽桂树，常有四方文士在这里读书、吟咏。程晋芳每得一书，写一个题识，把书装潢好，置于楼中。程晋芳购书、抄书、题跋图书，持之以恒30年，积累图书达3万余卷。程晋芳在京师10年，在坊肆间遇到好书、善本书，必买。如果没有钱了，就典当衣服买书。1737年夏，他检视旧时书目，除了随身带的约有15000卷，其余的放在老家亲戚那里，他担心可能会丢失，于是他重新给图书编目。1772年，他编出了《桂宦书目》二卷，这是我们今天可以了解程晋芳图书的清单。程晋芳的诗《曝书》写到"牙签三万轴，尽潜高阁锁"，就是说他家丰富的藏书锁在楼中无人问。程晋芳的桂宦楼后面，另有一室专置经史的房子，每月朔望日，他都对着藏书楼的书揖拜，以示虔诚，所以室名为"拜书亭"。

1763年，程晋芳的"桂宦楼""拜书亭"因打输了官司转让给他人，以书抵债。这次他损失图书一万余卷。1774年淮河水泛滥，程晋芳寄放在亲戚家的藏书惨遭水患，16橱图书被泥沙所埋。1779年程晋芳因贫困，开始变卖部分图书，他珍藏的石涛《竹西歌吹图卷》也卖了。

程晋芳逝世10年后，他家里的人为了生存，将收藏的图书大部分卖掉了。

1773年乾隆皇帝下诏征书，编修四库全书，程晋芳积极响应，他回乡挑出世所罕见的珍本、善本献给朝廷。李调元的诗《送程鱼门晋芳舍人奉召回南访求遗书》，说的就是这件事。这次征书，徽籍藏书家祁门马裕献书776种，歙县鲍廷博献书626种，歙县汪启淑献书524种，歙县程晋芳献书350种。《四库采进书目》记载的程晋芳献书有《范文正公集》20卷，《忠宣公集》20卷，《王荆公诗注》50卷，《忠简集》2卷，《哭斋集》37卷，《易象大意存解》1卷，等等。程晋芳献图书350种，被《四库全书总目》著录的有183种332卷，收入"存目"的有167种。书中题为"编修程晋芳家藏本"。程晋芳献书，为世人提供了大量的珍贵的文献。

程晋芳出自朱筠的门下，接着跟随戴震学习治经、训诂。顾栋高住馆于程晋芳家，对程晋芳学习很有帮助。乾隆皇帝南巡，程晋芳献赋，开始了他人生的转折点。这以后，诗朋满天下。

程晋芳家族中的诗人有程梦星、程釜、程嗣章、程名世、程茂、程沆、程洵、程卫芳、程志乾。程晋芳第2故乡淮安有邱谨、周振采、吴玉搢、边维祺、阮葵生、阮芝生等名流。程晋芳成名以后，天下名流，诗人、藏书家、画家、天文学家、数学家、训诂学家、农学家等，出入淮安晚甘园，以及扬州宗室的园林。程晋芳的文友有江淮老宿沈大成、

程梦星筱园　罗聘

袁枚、史震林、沈凤、赵虹、华玉淳、吴敬梓、杭世骏等人；各地名士有刘星炜、朱卉、江昱、汪士慎、冯祚泰、郑虎文、王藻、张四科、曹秀先、郭竣、王昶、蒋宗海、金兆燕、孙从添、吴泰来等人。程氏府第，高朋满座，诗歌互答，说不尽的风流。

程晋芳逝世后，文坛若有所失，众人悲哀。京师人说，程晋芳先生不在了，天下文士还能倚身于何处呢。

总之，程梦星、程晋芳是岑山渡程氏的代表人物。他们是盐业商人、进士、官吏、学者。他们在经济、文化、教育、治政方面地位显赫，他们是成功的徽州商人。他们广泛交往，建设筱园，组建诗社，联

146

络社会精英，为繁荣文化铺路搭桥，体现了他们的社会责任意识。他们文雅、和平、高尚，重视操守与做人。他们虽是商人，却表现出良好的儒家伦理。在商品经济的环境中，闪耀着儒家文化的光亮，这是值得人们称赞的。

程梦星、程晋芳家族是一个书香门第。这个家族运行的轨迹是：移民—商人—盐商—总商—进士及第—官宦家庭—学者名流。程梦星与程晋芳集大盐商、高官门第、学界名流于一身。他们为人温良、谨慎、宽裕、逊让，有礼节，善谈吐，和歌乐，以忠信为贵，以义为土地。儒商程梦星、程晋芳以他们的人格与心性，支持、繁荣与发展了当时的优秀文化。

参考文献

[1] 程梦星. 今有堂诗后集 [M]. 济南：齐鲁书社，2001.

[2] 朱宗宙. 明清时期扬州盐商与文人"雅集" [J]. 盐业史研究，2001（2）.

[3] 张翔. 程晋芳及其桂宦楼藏书 [J]. 晋图学刊，2002（3）.

[4] 王贤辉. 清朝徽州大盐商程晋芳 [J]. 产权导刊，2009（3）.

[5] 魏世民. 桂树黄鸟两相依－论袁枚与程晋芳的友谊 [J]. 南京师范大学文学院学报，2013（1）.

[6] 钟姝娟. 四库全书私人呈送本中的朱筠家藏本——兼为程晋芳辩一诬 [J]. 图书馆杂志，2016，35（7）.

[7] 李忠明. 程晋芳《儒林外史》研究述评 [J]. 南京师范大学文学院学报，2004（2）.

[8] 王勇. 程晋芳著述考 [J]. 中国典籍与文化，2009（3）.

[9] 王伟康. 吴敬梓与程晋芳交游述略 [J]. 江苏广播电视大学学报, 2010, 21 (1).

[10] 杨锦先. 程晋芳的里贯与科第 [J]. 烟台师范学院学报（哲学社会科学版）, 1994 (3).

[11] 杜泽逊. 读新见程晋芳一篇四库提要分撰稿 [J]. 图书馆建设, 1999 (5).

[12] 王振忠. 明清淮安河下徽州盐商研究 [J]. 江淮论坛, 1994 (5).

[13] 张斌. 清代淮安程氏家族文学研究 [D]. 合肥：安徽大学, 2015.

[14] 王娟娟. 程梦星研究 [D]. 合肥：安徽大学, 2010.

[15] 程治国. 程晋芳研究 [D]. 兰州：兰州大学, 2007.

梧声竹声何徐徐——江　春

新城南界有山堂，遗迹其人道姓康。曾是驻舆忆庚子，遂教题额仿香光。

重来园景皆依旧，细看碑书未异常。述古虽讹近文翰，一游精鉴不妨详。

弘历——《游康山》

乾隆皇帝巡游江南，扬州是其一个驻地。盐业总商江春接待了他，让皇帝住在他的私人园林康山草堂，而且在乾隆皇帝的几次南巡中，有2次都住在康山草堂。乾隆皇帝给江春的园林题名，写诗留念。

一　正一品江春

江春（1721—1789），字颖长，号鹤亭，徽州府歙县江村人。江春行盐旗号"广达"，人们称呼他为"江广达"。江春，补邑学生员，为金坛王步青弟子，善属文工诗。他出身于盐业世家，祖父江演、父亲江承瑜在扬州经营盐业。1741年江春参加五经考试未第，于是跟随父亲江承瑜经营盐业。他练达多能，熟悉盐法，得到两淮盐运使的赏识以及众多商人的信赖。1749年江春被推举为总商（清廷1677年11月开始在两淮设立总商）。江春每一言一计，群商拱手诺诺，官府每有大事都与他商量。江春领导了两淮盐业50多年。江春捐输报效朝廷前后达1100多万两白银，朝廷赐予他内务府"奉宸苑卿"，加级诰封光禄大夫正一品衔，并赏戴孔雀翎。江春因捕捉宫中逃离的太监有功，被乾隆皇帝赐予"布政使"衔。乾隆在镇江金山行宫召见过他，他先后得到过乾隆皇帝赐予的御书、福字、貂皮、荷包、珍珠、鼻烟壶、玉器、藏香、锡杖等物。清朝宫廷的"千叟宴"每50年举办一次，江春受乾隆皇帝的邀请赴京城参加乾清宫的"千叟宴"，作为商人，江春得到的恩宠可以说登峰造极。

江春故居

江春一生追求文化，他的著述有《黄海游录》《水南花墅吟稿》《深庄秋咏》。这三部诗集收录在《随月读书楼诗集》中，此诗集与江春弟江昉著《晴绮轩集》《晴绮轩集句》《练溪渔唱词集》一并刊成《新安二江先生文集》。

江春善于写诗，爱结交天下宾客。《随月读书楼诗集》三卷收录他的诗320首。

扬州江氏在乾隆与嘉庆年间门庭兴旺，在朝廷做官的人较多。如雍正年间，江宣儒任知州；乾隆年间江淦任兵部员外郎，江允任柳州同知，江淳任县丞，江洪任知府；嘉庆年间江兰任兵部侍郎。江氏学者有江春及其子江振鸿，江春弟江昉，江昉子江振鹭，江晟及其子江振鹍，江立及其子江安，江兰及其弟江蕃，江蕃子江士相，江芯及其子江士栻、江士梅；江昱及其弟江恂，江恂子江德量。江德量在乾隆年间科举中得榜眼。江春在扬州建有随月读书楼和康山读书处，很多名士在他的园林里观光、吟诗。江春选出优秀的文章雕刻出版了《随月读书楼时文》。

江春故居

江春广交天下名士，如同战国时的孟尝君，许多文人住在他的私人园林里，在江春的资助下，他们读书、绘画、吟诗、写书。江春死后，每日来扬州祭奠他的有10多人。

二 迎 驾

清朝，康熙与乾隆2个皇帝多次南巡。以水运为主的时代，扬州是南北交通的要道，盐商江春在扬州6次迎驾。他还在山西迎驾1次，天津迎驾2次，为太后祝寿3次。这充分说明了江春的经济实力，以及显赫的社会地位。

扬州瘦西湖有一白塔，与北京的白塔几乎相同，据说这座白塔是一夜造出来的。一夜造就白塔的故事大致是这样的：一次乾隆皇帝乘船在扬州瘦西湖中游览，船到五亭桥畔，乾隆皇帝感到风景很美，随口说道，如果有一座白塔，这里就与京城北海"琼岛春阴"差不多了。乾隆皇帝的话传到江春耳里，他抓住机会，立即行动，以满足乾隆皇帝的意愿。江春送给乾隆皇帝侍从1万两银子，请他们飞马进京取得建造白塔的图纸，连夜派人搬运盐包，按照图纸堆起一座塔，外敷白纸，远看如同京城的白塔。第二天乾隆皇帝从窗户里看到，五亭桥旁一座白塔巍然而立，十分高兴。迎驾结束，江春把那座模拟塔建成了一座真实的白塔，塔高30多米，53级台阶，塔的每面3个小龛，4面共12个生肖像，塔顶有六角宝盖，四周悬挂风铃。

乾隆皇帝自1751年至1784年6次南巡，龙舟沿运河而行，经过扬州。扬州盐商拿出巨额资金修建行宫、花园，整修街道，在码头铺设棕毯，搭彩棚，设景点，建戏台。《扬州行宫名胜全图》标示：为迎驾，扬州在高桥、香阜寺、天宁寺、迎恩桥、虹桥、莲花桥、万松亭、平山堂、宝塔湾、锦春园、金山、焦山等，建有宫室楼廊5154间，亭台196座，每座建筑标出投资商人的名字。乾隆皇帝行宫名胜建成以后，里面摆设古玩、书画、珍宝，外面配上花石竹木，仅平山堂行宫一处就种植梅花树一万多株。乾隆皇帝喜欢看戏，扬州商人分摊任务，大街上每隔一段距离，设一个戏台，请全国名角演戏，让乾隆皇帝随时随地可以看到演戏。

白　塔

乾隆皇帝六下江南，江春都参与了筹划与张罗接待的事务。

1765年乾隆皇帝南巡过扬州，两江总督尹继善、巡盐御史高恒、苏州织造晋福、扬州盐商江春等招待乾隆皇帝饮食。传说江春招待乾隆皇帝的茶点是徽州锡格子茶、寸金糖、茯苓饼、胶切片、徽州五香茶叶蛋。早点是冰糖炖燕窝。饮料是徽州漕溪黄山毛峰茶。水果是歙县三潭枇杷、黟县里仁香榧。主食是灵山香米饭、徽州拓馃。菜肴是绩溪一品锅、杨梅圆子、干豆角、麂肉、干蕨菜、兔肉、鸡蛋饺、金银白玉板、红嘴绿鹦哥（菠菜）、沙地马蹄鳖、雪天果子狸、腊香问政笋等。贡品是徽州文房四宝盒、徽州贡菊。江春是徽州人，食品突出了徽州特色。

乾隆皇帝南巡，江春等盐商迎驾尽心尽力，倾力报效，共花费白银1120多万两。1784年正月乾隆皇帝南巡，仅乾隆皇帝奖赏沿途人士的费用，江广达等盐商就捐了白银100万两。盐商不仅迎驾花钱，在皇太后、皇帝、皇后生日、大寿喜庆时，也积极送上大礼。如1785年，江春等盐商献银100万两，恭贺乾隆皇帝登基50周年。

乾隆皇帝南巡，扬州商人踊跃出资迎接帝驾。乾隆皇帝回京后，下诏奖励诸位盐商，给黄履暹、洪征治、江春等总商职衔各加一级。以商品价值观论事，盐商的垄断盐业来自朝廷的授权，盐商的银子，也是朝廷的银子，盐商为乾隆皇帝效劳，也是为自己的荣华富贵效劳，这是封建经济学。但是徽州商人崇尚儒学，他们遵循尊尊、亲亲、贵贵的为人原则。他们认为为长辈服务、为上级服务、为亲人服务、为贵人服务是天经地义的，无条件的，迎驾是官员绅士应尽的职责。

通过迎驾，乾隆皇帝认为江春办事很有能力，他每次任命新的两淮巡盐御史，便说："江广达老成，凡事要多与他商量。"于是江春成了当时朝廷与两淮盐务的重要人物。

尊尊、亲亲、贵贵的为人原则，不仅适用于迎驾，也适用于朝廷官员。盐商打探官员的兴趣与爱好，投其所好；盐运使卢雅雨喜好收藏古玩，江春等人搜罗名贵的金石书画赠送给卢雅雨。文献中记载，盐商赠送给卢雅雨文物的价值达16241两银子。盐务官员高恒爱钱，盐商在书页画轴中暗藏交钞送给高恒。1704年8月，两淮盐官李陈常任巡盐御使，不几年，他便拥有好田四五千亩，房产数十处，当铺几个。1768年，盐政、盐运使勾结扬州盐商，贪污达1000多万两银子。乾隆皇帝密派巡抚彰宝会同盐政尤拔清查，查出几个盐商为盐政吉庆、高恒、普福等人购买的古玩价值达576792两银子，盐商送给高恒家人的银子达207887两。盐商为高恒购买的檀树、梨树家具价值86540两银子。盐商将于阗玉马、蔡中郎书写的石经墨迹、《清明上河图》等上乘文物，献给盐政普福与卢见曾。这些盐政官员中饱私囊以后，将盐商造成的税收亏空一律抹去。尊尊、亲亲、贵贵的原则，演变成官商勾结，侵吞国家财政银两，劣迹斑斑。1768年朝廷查办两淮盐引大案，一些二品、三品的官员人头落地，江春临危不乱，乾隆皇帝对他特示恩宠，仅仅革去江春的职衔，不受刑法处分。

江春深得乾隆皇帝的恩宠。当江春经商资金周转不济时，乾隆皇帝调内府资金给他使用，乾隆皇帝先后2次借给江春55万两银子。乾隆皇帝借给江春的银子，月息1分，江春把这笔银子借贷给官员王履泰，月息1.8分。江春用皇家的银子生利，一年净赚了25000两银子。

扬州一景

1801年，嘉庆皇帝又因江春之子江振鸿经商资本不足，赏借给他5万两白银。乾隆和嘉庆二帝与江春一家有来有往，关怀备至。

三 关心社会公益活动

　　盐业税收是封建社会政府财政的主要收入之一，盐税仅次于田赋的财政收入。清朝设巡盐御史、盐运司、管盐同知、通判、知事、主簿等官职管理盐务。清初在两淮、长芦、河东盐区各设置巡盐御史管理盐业。朝廷官员的重要责任之一是保证将盐税及时纳入国库。清朝初年，两淮正纲盐税为90余万两银子，加上织造、铜金的税收，一年税收共180余万两，乾隆年间增加到400余万两银子。国家从盐业获取巨额税收，管理盐业的官员也可以得到较好的福利待遇。所以在盐业做官与任盐业总商都是美差。清朝官员的工资分为正俸与养廉银。正俸由政府给，数量不多，县官一年只有30多两银子。养廉银数量多，盐官的养廉银由盐商支付，巡盐御史的养廉银每年为5000两，盐运使的养廉银每年为2000两，另有其他杂项收入，如心红银40两，盐务衙门每日办公费70两、伙食费50两，共120两。一年养廉费用总计43000两银子，全由盐商出。盐商每年还要呈送盐政"公务"银8万两，盐运司"薪水"银4万两。管理盐运的各个工作环节，各个部门都要向经营者收费。盐院官员任期满了，要赏给部下各个工作人员银子，总数为16800两。盐院官员差满调任他地，盐商要给21600两银子的送别费，盐商还要给迎送官员过往仪式杂费银31600两。盐务官员把公私费用全交由盐商承担，而且列为行政定规，盐商必须承诺，把这些朝廷大员侍候到位，自己才能富贵安然。

　　大盐商非常富有，他们家里拥有几百万两、上千万两的银子。在1750—1800年间，盐商平均每年可获利500万两银子，他们吃喝玩乐，纸醉金迷,挥霍无度。盐商黄均太早上吃燕窝、参汤加两枚鸡蛋。那时一石稻谷值钱四五百文,1500文兑换1两纹银,黄均太1顿早饭价值6石稻谷。江春家人来人往,每年伙食费30000两银子。江春家里养了2个戏班,有时几个台口同时唱戏,花费也是很大的。他们还关心着文化艺术等社会公益事业,主动资助朝廷的有关事务,维护社会的稳定。例如:

1773年江春捐款400万两银子作为小金川平乱的费用,1788年捐款200万两银子作为平定台湾林爽文乱子的费用。1792年清廷平定西藏之乱,1799年平定川陕之乱,江春先后捐款150万两、200万两银子。从1748年征讨大小金川,到1795年镇压湖南石三保苗民起义,两淮盐商8次捐款军需银共达1510万两。1782年江春捐款200万两银子修黄河,1788年捐款100万两银子救济水灾难民,1771年江春与其他盐商恭贺皇太后80寿诞共捐白银60万两。从康熙至嘉庆年间,清廷收到扬州盐商报效朝廷的捐款银子共达3982万2196两。

在民生与公共设施方面,盐商为迎接乾隆皇帝南巡,在天宁寺到平山堂一带,建成卷石洞天、西园曲水等24景。江春等盐商捐款在扬州修整街道、治理河道,修建园林、寺庙与文庙,建立义仓储备粮食,防止灾荒。扬州盐商在大旱、大水之年,民不聊生之际,设立粥厂,让老百姓免费吃饭。从1671年至1840年,盐商在赈灾方面共捐款23次,共计2779596两银子,捐大米22.946万石。在疫情暴发的时候盐商捐款向社会赈济医药。他们资助贫困书生,建育婴堂,为节妇烈女树碑立传,修桥摆义渡方便人们出行,组建拯救落水人的班子,冬天给穷人发放棉被、棉衣等。这些公益事业,作为总商的江春发挥了主导作用。

扬州盐商建设了岭南会馆、安徽会馆、旌德会馆、江西会馆、湖北会馆、湖南会馆、陕西会馆、浙绍会馆和四岸公所等,为在外经商的徽州人服务，解决他们急需要解决的问题。

扬州盐商出资兴建和修缮书院，发展教育。如他们修建了扬州的三元坊安定书院、北桥敬定书院、北门外虹桥书院、广储门外梅花书院等。他们捐款建设了扬州西门的义学，为穷人提供免费读书，让失学的儿童有机会学习。

扬州盐商喜爱书画，在江春等盐商的关照下，郑燮、金农、黄慎、高翔、李鱓、罗聘、汪士慎、李方膺等人，形成了著名的书画群体"扬州八怪"。著名的画家频频住馆于江春的园林中，虔心创作。江春等盐商为社会公益事业做出了重大的贡献。

四　园林建设

扬州园林秀美，古代文人诗词中屡屡提及扬州，赞美扬州。扬州处于水路交通枢纽。扬州是当时的商业、经济、交通、文化消费中心。富商聚集在扬州，他们投资建设的园林风景如画。如扬州天宁寺御码头到平山堂的24景。盐商修建了很多私家园林，如安麓村的约园，总商黄至筠的个园，黄履昂的别圃，黄履暹的趣园，汪玉枢的九峰园，鲍志道的西园曲水，汪应庚的平山堂，郑氏的影园与休园，马曰琯的街南书屋，程梦星的筱园，吴家龙的锦春园，华友梅的华氏园，何莲舫的壶园，等等。园林里石壁流水，双峰云栈，卷石洞天，曲径通幽。黄氏"容园"中有38个厅，规模各异。厅内夏天有冰竹簟，冬天有锦貂帷。书楼中有书画鼎彝，名贵笔墨。堂中有宝玉名香，可弹琴度曲，击掌一呼，歌声响应。园内四时花放，水木清湛。岁时佳节，灯火通明。园林美景，配上诗书琴画、梨园戏曲、美酒佳人，俨然天上人间。

1759年，扬州园林里开芍药并蒂1枝，1760年开并蒂芍药12枝，枝皆5色。这被视为吉祥的象征。卢转使为之绘图征诗，钱尚书陈群为芍药园题额"袭香轩"。

扬州园林

康山草堂

江春一家在扬州构筑了8处园林，如：水南花墅、东乡别墅、深庄、退园、秋集好声寨、江氏东园、西庄、康山草堂。1757年，江春在天宁寺兴建乾隆皇帝南巡的行宫，将瘦西湖边的江氏东园献给官方迎驾。乾隆皇帝临幸江氏东园，赐名"净香园"。乾隆皇帝南巡两次驾临江春的别墅"康山草堂"，可见江氏园林的规模与秀美。乾隆皇帝在这里赐给江春金玉古玩，为他题写"怡性堂"匾额。

康山高三五丈，1403年，官员陈瑄奉命开河造闸、导湖入淮，他把疏通扬州城河挖出来的土，堆积在扬州东南角，形成小丘。土堆太小，扬州人称它为"糠山"。康山草堂建于明正德年间。明朝状元康海罢官后，筑室于扬州，流连诗书，召集女乐，弹琵琶，宴宾客。《随园诗话》与《履园丛话》都说扬州城内康山为康海读书处。大书法家董其昌题写"康山草堂"四个字，刻成门楣石额，砌入园墙。扬州盐商江春于乾隆年间买得康山。在此建随月读书楼、秋声馆、江家箭道。康山的"水南花墅",亭榭池沼、药栏花径,十分美丽。

乾隆皇帝南巡,曾两次临幸康山草堂,并题写了《游康山即事二首》《游康山》等诗。

康山草堂自建成以后,皇帝、诗人、画家、商人、名流云集,康山承载了丰富的文化。乾隆年间,江春住在观音堂,家与康山比邻,于是购买了康山草堂。江春对康山草堂进行大规模的修建,成为扬州著名的景点。赵翼《江鹤亭方伯招同松崖、未堂、蓬庵、松坪、棕亭、春农游康山即事》写道:"扬州城外园无数,探奇须约出城去。城中乃有好岩阿,传是对山流寓处。对山已往池馆空,谁擅此胜鹤亭翁。购时不过数椽屋,因之试手开玲珑。有如沧浪苏子美,四十千买地百弓。后归莉王子孙手,结构遂甲三吴中。主人开筵大召客,邀我来游览名迹……"康山草堂景色宜人,树木林荫,亭台楼榭,溪水叮咚,百鸟鸣唱,山峰青翠,大河帆驰,清风明月,白云岩石。

康山草堂与随月读书楼、秋声馆等都是清幽雅静的场所。江春常在康山草堂集聚朋友、文士,饮酒赋诗。金兆燕的《江鹤亭新得康山,招饮率赋》中写道:

> 日日招致爱山客,签歌如沸酒如泉。名流丽句张满壁,各与山势争飞骞。
>
> 我有故山归未得,山游幸复随群贤。诗成更倚山楼啸,白云红树纷来前。

群贤们喜爱康山的竹子、梅花、天边的白云和周围的红花,群情沸腾,诗歌如泉水般奔涌。清朝乾隆皇帝两次临幸康山草堂,每次都留有诗篇。

《游康山即事二首》　　弘历
其一
新城南界有山堂，遗迹其人道姓康。曾是驻舆忆庚子，遂教题额仿香光。
重来园景皆依旧，细看碑书未异常。述古虽讹近文翰，一游精鉴不妨详。
其二
城市已云擅幽绝，管弦何事闹纷忙；爱他梅竹秀而野，致我吟情静以偿。

弘历赞扬康山自然景色与人文文化，他觉得董其昌的字不能显示康山草堂的显著地位，于是他提笔重题康山草堂园名。

弘历在扬州游兴很浓，他写了一系列的赞美诗赞美扬州园林。如：

《题小香雪居》
竹里寻幽径，梅间卜野居。画楼真觉逊，茅屋偶相于。
比雪雪昌若，曰香香澹如。浣花杜甫宅，闻说此同诸。

《题九峰园》
策马观民度郡城，城西池馆暂游行。平临一水入澄造，错置九峰出古情。雨后兰芽犹带润，风前梅朵始敷荣。忘言似泛武夷曲，同异何妨细致评。

《题熙春堂》（歌咏江春东园景色）
重宁寺侧堂，迭荡霭韶光。老柏蔚今色，
时梅发古香。玲珑湖石径，澹沱绣漪塘。

161

适以熙春额，同民乐未央。

江春好客，善待友人。江春的园林不仅是文人雅集的胜地，也是四海文人墨客的栖息之所。清代中叶康山文风最盛。戏剧家蒋士铨住康山秋声馆，他在这里创作了杂剧《四弦秋》、传奇《空谷香》。学者厉鹗的《齐天乐·秋声馆赋秋声》"讶篱豆花开，雨筛时节，独自开门，满庭都是月"，被采入《近三百年名家词选》。诗人赵翼访康山草堂，吟诗"康山席上，遇歌者王炳文、沈同标，二十年前京师梨园中最擅名者也，今皆老矣，感赋"。袁枚是康山的座上客，他写了《扬州康山诗为主人江春作》《扬州秋声馆即事寄江鹤亭方伯兼简汪献西》等诗。金农作《忆康山旧游》。画家陈撰和他的女婿许滨同时住馆康山。陈撰是"扬州八怪"中唯一不以卖画为生的画家，他的后事是江春料理的。陈撰先馆于官宦程梦星筱园，程氏卒后，无所依，晚年江春请他入住康山草堂。书法家、诗人方贞观住江春的秋声馆达20年。吴梅村的孙子吴献可住在江春的园林也有20余年。华亭人沈大成住馆江春家近10年。江炳炎长期客居扬州，终身为布衣，依靠江氏兄弟维持生活。吴烺流寓江淮，多得江氏资助，后走入仕途。金兆燕48岁始成进士，晚年辞官无所依，住馆于康山草堂。江春资助在扬州安定书院任教的王步青，还资助在扬州文汇阁管理四库全书的郭尚文，让他们住馆，安心研究学问。

江春死后，康山草堂在1793年被卖掉。乾隆皇帝建议，扬州盐商集资5万两买下康山草堂，该园成了商人的公有园林。当时江春养子江振鸿经济困难，他以这5万两银子充作盐业营运的资本。

徽商建设私人园林，这里有丰富的环境资源、经济资源、文献资源、人才资源、社会活动资源，他们在这里可以追求高品质生活，高品位文化活动，文人不能忘怀康山。

五　康山雅集

江春与江昉兄弟，人们称为"二江先生"。他们交结人才，其家大厅里常坐满诗人墨客。很多士大夫到扬州，或住江春的康山草堂，或住江昉的紫玲珑馆。活跃在江春园林里的文人有陈群、曹仁虎、蒋士铨、金农、方贞观、陈章、陈撰、郑燮、黄裕、吴烺、郭尚文、吴献可、金兆燕、戴震、沈大成、江立等人。其中吴献可、蒋士铨、金兆燕住馆在康山草堂与秋声馆。江春常将大江南北的文人雅集于扬州，举办诗会。从诗集中我们看到的诗题《七夕康山宴集》，表明七月初七康山举办了雅集活动。《中秋节前一日江君鹤亭招游园林看晚芍药即席赋诗》，表明八月十四日江春召集诗人在园林里观赏芍药吟诗。《春分日鹤亭主人招游蜀冈看梅同北垞莳田作》，表明江春在春分那天召集诗友赏梅作诗。《中秋前四日鹤亭主人招同蒋春农舍人黄北垞上舍集翠玲珑阁分麻韵》，表明八月十一日江春召集诗人在翠玲珑阁赏月赋诗。《中秋前五夕雨后月出鹤亭主人置酒前楹同严果亭陈对沤集饮作》，表明江春在中秋节前几天召集友人雅集。八月初十日、十一日、十四日连续3次举行雅集，江春园林里文化活动十分频繁。

1766年农历十二月十九日，苏东坡700岁诞辰，江春召集文人在寒香馆悬像赋诗，纪念苏东坡。文人学士如曹仁虎、蒋士铨、金农、陈章、郑燮、黄裕、戴震、沈大成、江立、吴烺、金兆燕，参与了这次活动。

江春召集的诗友来自全国，他们中有卢见曾、曹仁虎、蒋士铨、方贞观、阮元、熊之勋、林道源、罗士珽、沈大成、施安、吴献可、郭尚文、吴履黄、李钧、陈撰、徐麟趾、金兆燕、蒋宗海、程兆熊、叶天

徽州儒商 >>>

赐、金农、陈章、郑燮、戴震、江立、吴烺等人。

水 亭

他们是著名诗人，很多人留有个人诗集，他们的诗词遵守严格的规范，表现出雅、达、兴的特点。现摘几首如下：

金兆燕诗《题江鹤亭秋声馆》
梧声竹声何徐徐，一片笙簧似步虚。
仰看星月夜未半，且与欧阳共读书。
江春《己卯仲夏奉和卢雅雨都转题
水南花墅并蒂芍药原韵四首》（其一）
千枝万朵逐年开，红紫翻阶照酒杯。
野墅即今多雨露，一茎幻出两花来。

扬州文人"雅集"誉满全国。扬州的各种优越条件，使得文人们像山雨一样蜂拥而来，康山风景优美，园林主人富有、宽厚、仁义，康山留下了许多风流雅事。

康山因康海而得名。康海，1502年状元，殿试中，他提出改革吏制，废弃庸官，重用人才，兴利除弊。康海壮志未成，反被削职为民。于是他寄情山水，蓄优伶，操琵琶，聚集女乐，创康家班社。康海的琵琶班社有腰鼓三百。康海以班社宴饮宾客，制作乐曲，聊寄抑郁。人们常说：康海过扬州，一曲弹成诗满楼，康海的琵琶班风流天下。

康海以后，扬州琵琶高手辈出，姚芗汀是其中之一。两淮盐运使曾燠在康山举办过琵琶雅集，他请姚芗汀演奏琵琶，弦音一响，玉翻珠跃，山浮远翠，水漾深绿，激动人心，显示出康山独特的风雅。

清初诗人王士禛任扬州推官的五年，他积极倡导康山文化。在他的影响下，康山等园林举办诗歌雅集多次。1662年6月15日，王渔洋与袁于令、朱克生、陈允衡、陈维崧等泛舟虹桥，首唱《浣溪沙》三阕，诸公和之。雅集编刊了《虹桥唱和词》。1662年9月9日、1663年9月9日，王渔洋等人在平山堂举行雅集；1664年三月初九清明节，王渔洋与林古度、张纲孙、孙枝蔚等人修禊虹桥，即席赋《冶春诗》24首，诸君附和。1665年7月，王渔洋与许承宣兄弟、汪楫等登康山，诸人作"康山记""康山行""康山怀古诗"。

官盐碑石

江春兄弟虽为商贾，却雅好文学，广纳贤士，屡兴诗文宴会，其康山草堂为文人雅集的重要场所。1751年到1785年的几十年间，以康山草堂为中心的词人群体朝气蓬勃，他们以厉鹗为宗主，以南宋雅词为典范，把扬州诗词推向高潮，促进了扬州词派的繁荣。

吴锡麒说:"马曰琯在世的时候,文人们以小玲珑山馆为依托与归宿,马氏以后,江春起而承之,其弟辅而翼之,翰林文苑,南北往来的士大夫,觞咏交作,推襟送抱,康山草堂是众心向往的地方。"

巡抚阮元说:"江春喜吟咏,好藏书,广结纳,主持淮南风雅。江春多次招集杭世骏等诗友在扬州赋诗。"

康山草堂词人,其中有官员、富商,也有寒士。如下面一首江炳炎的诗,反映了他科举坎坷,四方飘零,浮生逆旅的感情。

江炳炎《买陂塘》

曲栏桥,红船载酒,竹西几共寒暑。年来同似风前柳,漂泊行踪无主。思旧雨,屡梦绕,天涯梦里寻君语。相逢且驻,奈酒易牵情,歌偏解别,催上短篷去。

鸳湖畔,冷落如冰官署。依人王粲良苦。团脐紫蟹披锦雀,佳味空标食谱。伤感处,是望断龙山,烟外迷归路。浮生逆旅,但薄有田庐,莳花插柳,吟啸也千古。

康山雅集的诗人中,有不与世俗同流合污,不追欢卖笑、偎红倚翠、宴饮逸乐、超尘脱俗的人。

当然,雅集,既言志,也表达出娱乐的意向。他们以联句、分韵、限题等多种形式赋诗,表现每个人的思想情操与才华。画家罗聘写的诗《晨起出郊至净香园》与《南园即事》,记载了他参与康山草堂及南园文会的情景。

盐商爱才、揽才、引才、养才、济才,他们营造的良好环境,为天下才子提供了创造性思维的空间。四海文人如鱼得水,如鸟归林,奔赴扬州。

六　江春与京剧的发展

清朝时期，看戏是宫廷与民间的重要文化活动。

乾隆时期扬州的盐官及盐商，为了接待皇帝，以及自家享乐，蓄养戏班，蔚然成风，扬州私人园林里有戏班20个。李宗孔，盐商后代，进士，官吏科都给事中。康熙年间告老归里，蓄家班自娱。汪懋麟，盐商之后，进士，官至刑部主事，1684年遭人诬陷，罢官还乡，办戏班自娱。盐商世家，进士程梦星蓄养家班演戏。扬州还有黄班、徐班、张班、汪班、程班、洪班、江班、太平班、方竹楼家班、汪太太家班、程釜家班、黄至筠家班等。扬州盐商家班持续时间长达百余年。1724年清廷颁布禁止外官蓄养家乐的政令，1778年重申蓄养戏班的禁令。这以后，盐商不再办家班，欣赏戏剧则招职业戏班演出。

歙县璜田古戏台

盐商养家班演戏，影响了他们的家人。盐商家庭出身的戏剧作者有好几个。如汪楫，父兄为盐商，官至福建按察使、布政使，撰传奇剧本《补天石》。盐商郑之彦的曾孙郑小白，撰有剧本《金瓶梅》。盐商学者张潮创作了5个剧本。程梦星创作了《乾坤媾》《万丈焰》《后牡丹亭》3个剧本。

两淮盐务把戏班分成花、雅两部：雅部演唱昆山腔；花部演唱京腔、秦腔、弋阳腔、梆子腔、罗罗腔、二黄调，统称"乱弹"。徽商的戏班由徽商为主出资，以徽州伶人担纲演出，主唱徽调，故称"徽班"。江春养有德音班与春台班两个戏班，德音班属雅部，春台班属花部；江春的戏班规模大，演员技艺精湛，他们除了应付官差外，多数时间在康山草堂演出，凡来了客人，或节日，或主人兴趣来了，就在园林里演戏。

江春的德音班，都是著名演员，如老生刘亮彩，小生石涌塘，老旦王景山，正旦任瑞珍，小旦朱冶东，以及大净、小丑、副末、箫管歌吹、三弦、笛子、鼓板等，都是名流。王炳文、沈同标曾是京城中的著名演员，他们归入江春门下，为德音班的台柱子。德音班规模较大，大面6人、正旦3人、老旦1人、老生3人、副净2人、小丑3人、小生3人、小旦8人、二面3人、三面2人，共34人。这些人表演经验丰富，分工细，演技绝佳。德音班一直延续到嘉庆年间。

江春具有开放的心态，他组建春台班，改编新剧、改革声腔、改进舞台布置。他追寻一流的艺术家，适应民间艺术欣赏特点，合京秦二腔，提高艺术水准。春台班演《思凡》，一开始唱昆腔，继则梆子、罗罗、弋阳、二黄，深得大众喜爱。江春吸纳、征聘四方名角，如苏州的杨八官、安庆的郝天秀、名丑刘八、二面刘歪毛以及樊大（八）、关大保、张天奇等。郝天秀表演艺术出众，令观众一看销魂。魏长生来演戏，一出戏赠银千两，一般角色为七两三钱、六两四钱、五两二钱、四两八钱、三两六钱不等。春台班擅演的剧目有《滚楼》《送枕头》《思凡》《打盏饭》《花鼓》《广举》《毛把总到任》等。

当时，安庆人高朗亭30岁，专工旦角，主唱二黄，兼擅昆曲和小调。他是三庆徽班班主，梨园领袖。他扮演花旦，一颦一笑，神情入化，具有浓郁的生活气息，受到北京人的欢迎。魏长生，四川金堂人，秦腔花旦名角。1779年他到北京入双庆部，演《滚楼》，名动京师。1785年清廷颁布《钦定台规》，禁演"科浑海浮"，魏长生投身江春的春台班。高朗亭、程长庚、徐小香等人相继为徽班领班。

徽剧题材来自民间，它积累了大量的生活题材，艺术生动，雅俗共赏。徽班演员技艺精湛，表情细腻。他们从声腔、念白到表演，形成以皮黄为主的多种声腔音乐体系。他们在唱、念、做、打方面进行艺术创造，演出时，摆身段、甩水袖、扬歌喉、亮武功，几乎个个身怀绝技。在戏班连片的苏唱街，徽剧显示出曲调独特的表现力和声乐美，博得观众的喝彩。

徽剧演员多数出自安庆怀宁县石牌镇。石牌镇有演戏的浓郁乡风，一个小镇有戏园、戏楼、花戏台800处。凡是族中有人中举、升官及庆寿都要演戏。乡风的熏陶，使石牌培育出了郝天秀、程长庚、杨月楼等戏剧大师。江春挑选的徽剧演员多数出自这里。

徽州艺人带着乡音来到扬州，南腔北调，各个剧种，互相影响，互相交流，原来的徽班、徽调艺术得到改造，发展成为京剧。

清朝宫廷内凡皇帝、太后祝寿、节日喜庆，都要演戏。乾隆皇帝爱看戏，凡他所到之处，都要布置戏台、彩棚、龙舟、灯舫。乾隆皇帝南巡，扬州从城东北五里高桥至迎恩桥，一路排列香亭戏台演戏。扬州30个总商，负责在30个工段兴建固定戏台，组织30个戏班演戏。

1790年，乾隆皇帝80岁大寿，北京自西华门到西直门外高梁桥，每隔数十步一个戏台，南腔北调，群戏荟萃。乾隆皇帝知道扬州戏班多，而且闻名，于是他下旨调徽班进京演出。江春依旨物色著名演员高朗亭率徽剧"三庆班"进京。

在北京，四大徽班演的京剧深受民众欢迎。著名演员米应先与程长庚扮演的角色影响很大。广大百姓在大街小巷模仿他们演唱的《击鼓骂曹》《辕门射戟》《定军山》《四郎探母》等戏。京剧演员程长庚、余三胜、张二奎的演艺高强，时称"老生三杰"。小生龙德云、徐小香，花旦胡喜禄、罗巧福、梅巧玲，老旦郝兰田、谭志道，净旦朱大麻子等，创造了各个角色的声腔及表演艺术。他们的演艺相继推动了京剧的发展。

三庆班在北京名声大振，继而引来启秀、霓翠、三和徽班相继进京。与三庆班一样具有名气的戏班还有四喜、春台、和春，时称"四大徽班"进京。

进京的四大徽班，人们的评价是："三庆的轴子戏，四喜的曲子戏，春台的孩子戏，和春的把子戏。这句话中的意思是：三庆班擅长演整本大戏，四喜班擅长演昆腔式的剧目，春台班的青少年演员演艺好，和春班的武打戏最受欢迎。

四大徽班原唱徽调，经在扬州盐商家多年演出，广征博采，吸取了昆腔、四平调、梆子腔、秦腔的演唱与表演艺术，诸腔并奏。它在剧目内容、锣鼓乐奏方面也吸收了诸家之长。随着京腔、秦腔、昆腔的演员不断搭入徽班，湖北汉调进京，徽、汉合流，融汇五方之音，形成了以皮黄为主，兼唱其他曲腔的京剧。

一般来说，南方的戏，唱腔与动作柔软，内容偏于情爱；北方的戏，唱腔高昂，内容偏于攻关夺隘。京剧强调正风俗，艺术精雅，兼有南北戏的优点。

扬州的徽班创造了京剧艺术。京剧是成功的表演艺术，它有特定的角色、服装、锣鼓、音乐、剧本，在念、唱、做、打等演艺上具有独特的功力。京剧的音调与剧本内容基本上是健康的，对人们有一定教育鼓舞作用。京剧从乾隆年间一直到"文化大革命"前，影响了中国社会几百年。老百姓一出门，就放开嗓子唱大戏（京戏）。人们模仿戏剧中的优秀人物，演唱戏曲中的经典唱段，把戏曲中的经典语句应用于日常生活中，京剧表现了在各种事务中的纲常伦理。在没有文化的农民占多数的时代，京剧对人们的生活发挥了重要的作用。在竞争链条拉动的社会里，人们生活的节奏加快了，人们没有心情品艺与赏艺，人们习惯于暴露、发泄与刺激的艺术，而高雅文化的京剧人们觉得不过瘾，于是京剧渐渐消失了。如果把诸种表演艺术加以比较，京剧不能不说是艺术的上品。所以"四大徽班"进京，从文化角度看，是一个重要的艺术里程碑。

盐商江春是品位极高的戏曲鉴赏家，他酷爱戏曲，广交天下客，他的园林里客人车水马龙。这些客人不仅吟诗、品画，还喜欢看戏。江春的园林里几乎每天都有三四个戏班分台演出。往往不同的剧种、不同的剧目、不同的声腔的戏同时演唱。演员互相竞争，各露才华。观众欣赏各种文化艺术流派的表演，不同风格的表演，百看不厌。

江春结交文人雅客，追求高雅品位的文化。他的私人戏班在康山草堂里，经常排练新剧本。在排练汤显祖的《牡丹亭还魂记》时，他请来文人、词客、曲艺专家，就剧情主题、音乐曲调、布景造型给予指点。如江春请潘之恒观看戏剧演出，体验情感，分析角色，总结经验。蒋士铨客居江春秋声馆，江春与蒋士铨等人研讨白居易的《长庆集》。当谈及《琵琶行》时，江春说，前人撰有《青衫记》剧本，命意遣词，不太文雅，太史公能否把剧本重写更新，蒋士铨欣然答应，五日后就拿出了初稿，题曰《四弦秋》。江春吩咐家班排练试演，又请来一些文人观赏提意见、修改。该剧是江班成熟的剧目。蒋士铨是剧作家，他创作了传奇剧《香祖楼》《雪中人》《临川梦》《桂林霜》《冬青树》《空谷香》，杂剧《四弦秋》《一片石》《第二碑》，合刻《鸿雪楼九种曲》，其《空谷香》《四弦秋》创作于秋声馆。

一出新戏，从写剧本、道具、布景、排练到演出，费用高昂。例如《桃花扇》费银16万两，《长生殿》费银40万两。如果没有富商，就不会有这些名剧。

金兆燕、袁枚、汪剑潭、朱葵江等人写诗描述了他们的看戏活动。徽班演出的剧目有1000多个。如《阳春奏》《新编女贞观重会玉簪记》《琵琶记》《北西厢》等，要看什么戏，客人自点。江春常在不同亭馆演戏招待客人，作诗饮酒，听曲，看戏，如梦断肠。

京剧，以徽班进京为起点，融合若干剧种演化而成。道光后期，程长庚以三庆班掌班总管四班，改变徽班以男旦为主的旧规，以须生（老生）为台柱，结合北京语音演唱皮黄戏，融合徽、昆、皮、黄，徽、昆、徽、汉合流，西皮与二黄合奏，形成京剧。1788年，69岁的江春辞世，他没有看到徽班进京，也没有看到由徽剧发展成熟的京剧。

1780年，两淮巡盐御史伊龄阿奉旨在扬州设立曲局，聘请黄文旸等人整理剧作，于1782年编成《曲海总目》，列举了当时演出的戏剧目录。从《曲海总目》我们可以了解到当时戏剧文化的繁荣。

江春眼界开阔、追求标新立异，具有士大夫艺术气质和欣赏水平。

扬州的江春等盐商凭借雄厚的财力，组建戏班，创造了著名的京剧。通过江春选送徽班进京，徽班融入宫廷文化，使京剧进一步发展，最后臻于成熟。

扬州园林

江春是盐商，他把积累的资金用于建设园林、迎驾、开展诗词雅集、出版图书、演戏、编写剧本、发展京剧。京剧是文化中的国粹，它从民间文化走向宫廷文化，又从宫廷文化波及民间。徽商培育出来的戏剧文化，影响深远。直至今天，徽州的深山小村里，或祠堂中，我们可以看到建造精美的古戏楼，这些戏楼多数是徽商捐资筹建的。当你来到深山里看到这些珍稀的文物时，你可以想象，在文化活动稀缺的封建时代，看戏是多么幸福啊！此时，你也可以理解，当时的徽商是如何实践儒家箴言"达而兼济天下"的！

大清盐号商店

参考文献

[1] 李斗. 扬州画舫录 [M]. 北京：中华书局，2004.

[2] 袁枚. 随园诗话 [M]. 南京：江苏古籍出版社，2000.

[3] 厉鹗. 樊榭山房集 [M]. 上海：上海古籍出版社，1992.

[4] 王昶. 国朝词综 [M]. 上海：上海古籍出版社，2002.

[5] 金兆燕. 棕亭词钞 [M]. 刻本，清道光十六年（1836年）.

[7] 汪懋麟. 百尺梧桐阁集 [M]. 上海：上海古籍出版社，1980.

[8] 程晋芳. 勉行堂文集 [M]. 刻本，清嘉庆二十五年（1836年）.

[9] 张世进. 著老书堂集 [M]. 清乾隆年间刻本.

[10] 蒋士铨. 清容外集 [M]. 红雪楼藏版.

[11] 吴绮. 林蕙堂全集 [M].《四库全书》影印本.

[12] 方世举. 春及堂诗集 [M]. 北京：北京出版社，2000.

[13] 明光. 扬州戏剧文化史论 [M]. 北京：社会科学文献出版社，2008.

[14] 江春. 随月读书楼诗集 [M]. 康山草堂刻本，上海图书馆藏.

[15] 高晋. 钦定南巡盛典 [M]. 上海：上海古籍出版社，1987.

[16] 吉庆纂修. 两淮盐法志 [M]. 刻本，清乾隆十三年（1748年）.

[17] 徐珂. 清稗类钞 [M]. 北京：中华书局，1986.

[18] 程梦星. 今有堂诗集 [M]. 济南：齐鲁书社，2001.

[19] 马曰璐. 南斋集 [M]. 北京：中华书局，1985.

[20] 朱宗宙. 略论清代两淮盐商江春 [J]. 盐业史研究，1991（3）.

[21] 吴新雷. 四大徽班与扬州 [J]. 艺术百家, 1991 (2).

[22] 杨飞. 清代江春康山草堂戏曲活动考 [J]. 中华戏曲, 2007 (2).

[23] 陈凤秀. 徽州江春社会网络的构建及其影响 [J]. 安徽师范大学学报（社会科学版）, 2012, 31 (4).

[24] 朱雯. 论清代徽商江春及其诗歌创作 [J]. 江淮论坛, 2014 (5).

[25] 明光. 戏剧家班、题咏与创作—清代扬州盐商戏剧活动研究 [J]. 浙江艺术职业学院学报, 2015, 13 (3).

[26] 李庆霞. 新安二江先生与浙派中期词的繁荣 [J]. 合肥学院学报（社会科学版）, 2011, 28 (3).

[27] 朱雯. 江春及其文学创作研究 [D]. 北京：中国人民大学, 2012.

不疏园里栖凤凰——汪梧凤

> 醉剧松可倚,诗成石可刊。何须慕岩穴,咫尺是林峦。
>
> ——李永昌题《松石林峦图轴》

徽州画家李永昌在其画《松石林峦图轴》题诗说,人醉了可以倚靠在松树上,诗想好了可以写在山石上,何须山洞,人醉诗涌,好个林木山峦。不疏园是学者云集的地方,不疏园里有藏书楼、学者,学术氛围浓厚,是学者成才的好地方。

清乾隆至道光时期,在歙县西溪有一座私家园林——不疏园。园林的主人是汪梧凤,他家数代人持之以恒,购买图书,收藏图书,将自己的藏书为学者服务。很多著名的学者在这里读书、学习、著书、讲学,江永、戴震等人都曾住馆于此。不疏园里孕育了众多的学者,人们说它是皖派汉学的摇篮。

汪梧凤

一 西溪儒商汪景晃父子

徽州歙县城西约六公里有一个西溪村，或称西沙溪。西溪指丰乐河，淙淙的河水川流不息。在西溪村聚族而居的是汪姓人。西溪村西邻贞白里，这个村庄居住着郑姓人。西溪与贞白里二村道路相连，街巷相通，人们统称它为"郑村"。郑村现为歙县下辖的一个镇政府所在地。

不疏园故地（正面）

西溪村头横列着三个石牌坊，它们是忠烈祠坊、司农卿坊、直秘阁坊。村中高墙大屋成群，石板铺的巷道，一派幽深古朴的景象。汪家自南宋迁居于此，世代耕读，产生过一些值得人们记忆的人。

西溪村始祖汪人槛（1230—1302），字月卿。他在1291年迁居西溪村，几经繁衍，成为歙县汪氏大族。

汪人槛的第十代孙汪良锤（1573—1659），字伯英，明代万历年间太学生，风雅好学，他与当时的学者往来于楼台轩阁之间。汪良锤在西溪村口建有"蓑竹馆"，接待各地来造访的学者。当时的名流董其昌、秦京与汪良锤交谊很深，他们常在蓑竹馆吟诗作画。徽州府学教授袁中道曾经在郑村蓑竹馆会晤秦京。汪良锤与秦京关系密切，秦京赏识汪良锤的才华，推荐汪良锤到秘阁书院工作。

汪景晃（1666—1761），他是汪良锤的曾孙，字明若，号旭轩。他失意于科场。22岁那年，他放弃追求功名，从事商业，到浙江省兰溪做布匹生意。没过几年，他便成了大富翁。50岁那年，汪景晃把企业管理的事交给儿子，让儿子在商场上摸爬滚打，锻炼成长，自己则专门做公共福利事业。因此，汪景晃社会影响很大，徽州广泛传播着汪景晃的义行。大学者江永给汪景晃写的传记，述说了汪景晃乐善施济的事。

歙县西溪汪氏和义堂

汪景晃投资慈善事业的项目多，每年支出的慈善资金数量很大。随着时间的推移，他开展的慈善事业社会影响越来越大。社会影响面越大，找他解决困难的人就越多。汪景晃从50岁开始就从事慈善事业，到他90岁仙逝，为社会开展慈善事业长达40年，耗资巨大。汪景晃小本生意起家，他自己经商不到30年，积累的资金并不多，而他为社会付出的却是很多很多。那么，这些钱来自哪里呢？桐城人刘大魁（1699—1779）在《汪君墓志铭》中说："汪景晃的二儿子非常贤达，也非常孝顺，他知道父亲有心济世，便努力让父亲实现他的愿望。"汪景晃慈善乐施，用的钱是儿子挣来的。汪景晃的儿子孝顺，劳而无怨。儿子努力经营布业，精打细算，勤俭节约，供应父亲济世的费用。

汪景晃有三个儿子，第二个儿子名为汪泰安（1699—1761），字永宁，号口石。汪景晃的企业在他50岁时交给二儿子汪泰安管理，这年汪泰安只有17岁。汪泰安的儿子汪梧凤在《家父六十事略》一文中，描述了其父汪泰安对爷爷汪景晃的孝顺。文中说在汪景晃50岁时将家业交给汪泰安，从浙江兰溪回到徽州故里西溪，与乡邻族党生活在一起，享受天伦之乐。汪景晃并没有真正退休，他只是放弃管理自家的事，却开始从事社会慈善工作。他急人之所急，见人有难，必与施舍。汪泰安做生意赚的钱根本不够父亲汪景晃的抛撒。有时，汪泰安入不敷出，但是他一言未发。汪泰安所担心的事，不是资金短缺，而是担心不能满足父亲接济社会活动的需要，生怕引起父亲不高兴。按照儒家的教导，儿子不能违背长辈的意志，如果长辈不高兴，就是做儿子的不孝啊！

汪泰安悄悄地与其妻商量，怎样解决这个问题？妻子听了丈夫的话后，说："人生一世，应该活出个名堂出来，总不能浑浑噩噩全是一己私利吧！作为一个家庭应该有个统一的目标，心往一处想，劲往一处使。父亲开展慈善活动，这是很好的，应该大力支持！"

可是哪来那么多的经费呢？困难当头，汪泰安的妻子说，做生意赚钱，应该投入资本，扩大经营。经丈夫的同意，她把娘家的嫁妆卖了，用于扩大布业经营。汪泰安的妻子出身于高门大户，出嫁时名贵的嫁妆很多，金银首饰，紫檀木的家具，她一一变卖，变换成一笔数目不小的

179

资本。汪泰安扩大经营后，赚的钱多了，汪景晃对外施舍，心中也就不虚了。汪景晃慷慨捐款赈济贫困，得到社会的好评，人们称赞汪泰安为"隐德君子"。可是，有谁知道汪景晃的慈善事业里不仅隐有他儿子的孝顺，还隐有儿媳的贤惠呢。

汪泰安崇儒，好读书，晚上他在房里点灯读四书五经，或历代正史。他总是读到油干灯灭，方才入睡。他看到儿子汪梧凤跟着名师江永学习，阅读经史图书，习作古文诗词，非常高兴，而对于儿子的科举功名却不太关心。

汪泰安与其父汪景晃一起逝世于1761年，父早其子五个月离世。汪泰安享年63岁。他父子俩都有作为，为社会做了贡献。汪景晃赈济贫困，施舍于民众。汪泰安经商有成，建设不疏园，为学者创造了良好的环境。

二　不疏园

徽州人爱园林，盐商在扬州建设了个园、休园、小玲珑山馆等园林，在故乡则有水香园、檀干园等园林。汪泰安经商有道，他积累的资金，不仅使其父实现了济世的愿望，还建设了一个私家园林——不疏园。

汪泰安把园名题作"不疏"，他的儿子汪梧凤在《勤思楼记》中说明了园名的来由："先君子治田为园，园北有堂，颜（题名）之曰不疏，盖取陶诗'暂与田园疏'意而反之，亦欲使后之读书其中者，常守厥志，不致苟于利禄，而饕餮于宠荣也。"

不疏园的"不疏"二字，借意于陶渊明的诗"投策命晨装，暂与田园疏"，这首诗的题名为《始作镇军参军经曲阿作》。陶渊明做了镇军参军，不得不暂时疏远他心爱的田园。汪泰安旨在告诫后人，要认真读书，不能为了利禄、恩宠、虚荣，不读书，或假读书。人要有真知灼见，要有天然的美德，做有知识的高尚人。不疏园的园名包含着汪泰安的治学与教子的精神，即务实，不务虚；重视本质，而不在乎外在的形式；要自然，而不要人为的塑造。

不疏园牌坊

不疏园是一个很有特色的园林。汪梧凤的儿子汪灼在《半隐阁赋》中描述不疏园的建筑格局：园林的西边五丈地建有半隐阁，半隐阁邻近的建筑是四部书楼，两个建筑中间有一过道相通。半隐阁之所以题名"半隐"，是因为它有半边延伸在曲池的水面上。半隐阁是椭圆形的建筑，读书人可以在上面休息或观赏风景。"四部书楼"也称作"勤思楼"，楼中收藏有二十四橱书，它是不疏园中最主要的藏书楼。

盛时修园亭，1743年，即乾隆初年，汪梧凤开始动工建设不疏园，那是历史上康乾盛世的中叶。西溪不疏园里楼台亭榭、草木兰竹、花红叶绿、莺歌燕舞、四季如春，一派欣欣向荣的景象。不疏园一共存世约120年，这也是西溪汪氏鼎盛的120年。

盛世的不疏园十分壮观，园内一系列建筑排列有序，规划整齐。汪灼收集的《不疏园十二咏》，描述了不疏园的景象。

1. 六宜亭

歙县　巴慰祖

雪月花时，宜酒宜诗宜画；山回水次，宜耕宜钓宜樵。

181

孤亭涉星汉，山弯水亦弯；坐观樵牧者，不及灼心闲。

2. 别韵轩

秀水　郑文虎

十一树梅开，香中别韵来；冲寒唯一色，身坠白云堆。

3. 拜经草堂

宛平　朱筠

庚子拜五经，日程分卷读；皓首一经通，毛郑传家塾。

4. 松溪书屋

歙县　程瑶田

老松挟风雨，往往作龙鸣；夜夜桂花静，溪口流有声。

5. 山响泉

桐城　鲁滨

叠石耸千峰，飞泉分两道；忽露米家山，淋漓当雨后。

6. 勤思楼

密庵　方辅

高楼何所有，二十四橱书；我尚惭王俭，陆澄知有无。

7. 双桐得夏阴

休宁　戴震

梧桐三尺强，斗大高十丈。绿影散空阶，便生壕濮想。

8. 竹北华南藏书室

怀宁　邓石如

小篆断空，两面如一；夜映烛光，字影射壁。

紫绶一层层，翠筠垂个个；四壁尽书围，逼坐青毡破。

9. 半隐阁

桐城　刘大魁

未识金藏坞,何妨半俯池;看山开一面,晴雨总相宜。

10. 听雨楼

淳安　方茅如

菡茗亭亭立,芭蕉树树荫,云根催雨足,散荡最清心。

11. 不浪舟石舫

江都　汪中

明月照平畴,动荡湖光满;风生浪不生,醉卧孤舟隐。

12. 黄山一角

方外老渔（汪灼别号）自书

六六峰殊状,青空一角秋;柔风香暗发,先满向南楼。

　　汪灼收集的《不疏园十二咏》,描述了不疏园一系列建筑。这里没有用于生活的储藏室、浴室、厨房,只有用于读书、藏书、观鱼、看山、赏花、画画、下棋的亭台楼榭。可见汪家把园林与生活区分开了。这里是中国式园亭建筑,它们与大自然协调一致,山水相间,虚实对应,开明豁达,生机勃勃。这里是一个可供吟眺游息的读书园。汪氏家族的成员以及往来的学者常在这里读书。园主汪梧凤从1743年到1772年的30年时间里读书于此。

　　汪灼的歙县澄塘好友吴云（字秋南,号野马）,认为不疏园是建筑史上的杰作,是秀美江南园林的典范,他特作《不疏园图》,描写不疏园的美景,让人们可以跨时空了解它的状况。徽州的山水秀美,特别是在那个享用自然物质与以自然材料建造的村落里,没有水污染、没有空气污染、没有电子污染、没有声音污染、没有思想污染,一切都是那么宁静、祥和。不疏园美在图中,也美在意中。

183

不疏园故地（俯视）

三　栖凤的梧桐

我们听说过美国国会图书馆，它收藏有1.5亿件文献，书架排列起来有800千米长，每天有五大洲各国的人士在这里读书学习。我们听说过大英博物馆图书馆，它那拱形屋顶阅览室是图书馆建筑的杰作，19排长条椅子的拱形阅览室，可容纳302个读者读书学习。在这个图书馆主阅览室里看书学习的，有很多著名的人物，如卡尔·马克思、查尔斯·狄更斯、弗吉尼亚·伍尔芙和中国的孙中山。在新建的英国国家图书馆可以检索到莎士比亚作品的第1版、亨德尔的乐谱原稿。有人总是抱怨中国传统的藏书楼重藏轻用，封闭，固守旧藏。重视藏书，不让人共享图书。其实，不是这样的。中国古代有一句名言：行万里路，读万卷书。这句话说的是，古代的大学者，他们如同蜜蜂采蜜一样，四处访书、求书、读书。发现哪个私人藏书楼有书，就住下来学习。他们一家又一家的住馆学习，读了万卷书，也行了万里路。

　　西溪的不疏园藏书多，住馆的学者也多，简直成了栖凤的梧桐。不疏园为学者免费提供住宿、伙食、藏书楼、阅览室，以及一切其他费用。它是人们读书治学的园亭，也是休息消遣的园亭。不疏园里的学者可以连续住下去，几个月，几年，甚至十几年都可以。古代人把这种行为称作"住馆"。古代的"馆"一般指公益性服务场所，住馆就是免费享受馆内提供的服务。这种待遇比西方公共图书馆优越多了。不过，不疏园不能像公共图书馆一样实行无差别的服务，它开展的是特色服务，即专门为天下有作为的学者服务，无名之辈不得问津。因为私人的财力有限，广泛地为公众服务是不可能的。

西溪南村

　　不疏园的优越治学环境，培育了一批学者，如江门七子。不疏园里的学者成果丰硕，形成了一个学派——皖派汉学。不疏园是栖息凤凰的梧桐。

（一）江门七子

江，指婺源大学者江永。江门七子，指江永带的7个学术上很有造诣的学生。江门七子，加上不疏园的主人汪梧凤，共8人。这8人中年龄最大的与最小的相差20岁。这8个人按照他们出生年月先后顺序排列如下：

郑牧（1714—1792）字用牧，休宁县合阳人。

汪肇龙（1722—1780）原名肇宁隆，字松麓，一字稚川，歙县邑城人。

戴震（1724—1777）字慎修，号东原，休宁县隆阜人。

汪梧凤（1725—1772）字在湘，号松溪，歙县西溪人。

程瑶田（1725—1814）字亦田、易田、伯易、易畴，号让堂，歙县邑城人。

方矩（1729—1789）又名根矩，字晞原，歙县灵山人。

金榜（1735—1801）字蕊中、辅之，号檠斋、拓田，歙县岩镇人。

吴绍泽（1735—1789）字蕙川，歙县西溪南人。

老师江永（1681—1762），徽州婺源人，出生于寒儒世家。他学而不厌，过目能诵。江永21岁考取秀才，27岁开始以教书为业。江永的书房取名"弄丸斋"，自号"弄丸主人"。他是当时著名的学者，他对于中国本源文化研究很深。明朝灭亡以后，人们反顾历史，认为先进中原文化的政权失落了，这是理论上不严格遵守儒家学说的后果。在这种环境下，江永高举"正本清源"的大旗，专意训诂、考证，突出"经世致用"，把握研究对象，探求真理。以六经为理论基础，解决当世的事务。

江永治学的特点是博、精、新。他提倡"比勘"，详细比较与考证，精确解释，深入研究。生平致力经学、音韵学和理学，以考据见长。

江永的著作有39种，如《礼书纲目》《春秋地理考实》《周礼疑义举要》《翼梅》《律吕新论》《古韵标准》《近思录集注》《礼记训义释言》《孔子年谱辑注》《群经补义》《仪礼释例》等。江永的著作被《四库全书》采入的有16种。

江永专于古代经书，几乎不参与社会上的世俗活动，与他交往的人很少，许多人不理解他。徽州是山区，座座村落镶嵌在一个个秀美的山窝里。在古代的交通与通讯不畅的环境下，这对于江永访书、寻书、读书、查找资料带来极大的不方便。西溪汪泰安非常敬重文士，他把江永请到自己家里，衣食住行，图书及笔墨纸砚全部由他汪家供给。江永在不疏园住馆7年。江永在《律吕阐微·自序二》中说，他在不疏园期间读到了平生未见的图书。如朱载堉（1536—1610）的《律学新说》《乐学新说》《算学新说》《律吕精义》《瑟谱》《律历融通》《音义》《操缦古乐谱》《灵星小舞谱》《旋宫合乐谱》《六代小舞谱》《二佾缀兆图》《嘉量算经》《乡饮诗乐谱》等著作。朱载堉提出的"十二平均律"理论，对于江永启发不小。所谓"十二平均律"，指十二个键的每相邻两键音律的增幅或减幅相等。世界上有十分之八九的乐器发音和理论标准都是参照十二平均律制定的。人们依据十二平均律的原理发明了钢琴。今天世界上乐器定音多数是依据十二平均律理论。它被西方人称为"标准调音""标准的西方音律"。朱载堉研究出的十二平均律的关键数据是"根号2开12次方"。江永是个擅长于音律、数学、天文的人，他为在不疏园能读到这样好的书而感到幸福。不疏园里的一切给江永以灵感。江永的《算学》《乡党图考》《律吕阐微》《古韵标准》4部著作都是在不疏园完成的。

徽州儒商 >>>

　　崇拜江永的郑牧、汪肇龙、戴震、程瑶田、方矩、金榜、吴绍泽，来到不疏园拜江永为师，向江永求学。园外的7个来学习的人，有5个是歙县人，2个是休宁县人，他们中多数人的家距离西溪不远，大约10里地。为了便于听老师讲课与学习，7人常在不疏园吃住。他们有的人在不疏园住了十几年，有的人住了七八年，或四五年。江永逝世以后，官吏把江永在不疏园住馆培养人才的事迹报告给朝廷，朝廷给予嘉奖，并且把江永塑像供在朱熹庙里，让人们一同祭祀。

汪梧凤著作《松溪文集》

　　江永的学生戴震学有所成，乾隆皇帝修《四库全书》时，他被推举入四库馆，负责经部书籍的编修工作。《四库全书》共分四大类，戴震负责编修责任最重的经类图书，这引起了天下人的瞩目。人们联想起戴震的老师江永，联想到不疏园这个读书的地方，联想到徽商汪泰安的远见卓识。汪泰安投入巨额资金建设不疏园，购买图书，聘请江永和戴震住在不疏园，讲学教子，结交好学之士，使不疏园成为当时经学的研究中心，声名震于四方。江门七子于1752年齐集于不疏园，教师江永也是那年来的。那一年江永72岁，诸位同学中，郑牧37岁，汪肇龙31岁，戴震30岁，程瑶田和汪梧凤都是28岁，方矩24岁，金榜和吴绍

188

泽只有 18 岁。这是江门七子思维最活跃的时期，也是最富有创造力的时期。对于江门七子来说，不疏园是一段美好的峥嵘岁月。

(二) 皖派汉学

歙县潭渡人黄仲则由训诂入手治学，撰《字诂》；他穷研文字声义，撰《义府》；他考论经、史、子、集，开创皖派汉学。1752 年，江永与 7 个弟子齐集不疏园。这在皖派汉学发展史上是值得纪念的一年。来时匆匆，人们只是看到不疏园主人礼仪待人，环境宽松，学习条件齐备，且方圆百里以内，很多出于书香门第的人士来到这里。没想到这些人，若干年后，学术之花朵朵，形成一个流派——皖派汉学。

皖派汉学的领军人物是江永。江永，字慎修，又字慎斋，安徽徽州婺源县（今属江西省）人。江永生员出身，晚年入贡。博通古今，长于考据学，深入研究过《三礼》，撰有《周礼疑义举要》。他还在音韵、乐律、天文、地理领域颇有研究，著述甚多。他是清代著名经学家、音韵学家、天文学家和数学家。刘大魁在《江先生传》中说江永生而好古，专心于古籍，一生勤奋，无休息日。他对于古代的制度、名物，考证翔实。江永博观群籍，广泛搜集资料，以参见、互见的资料为"据证"，明辨古代的制度与名物，以事实、数据与典故说明自己的论点。皖派考据学，清初由歙县黄仲则发起，江永是旗手，其弟子戴震、程瑶田、金榜发扬光大，戴震是集大成者，皖派汉学的学术队伍就这样形成了。

江永于 1752—1758 年住在不疏园，这是他学术上大踏步前进的 7 年，他在这里讲学、读书、著述，与同志旧友商讨学术问题。他在《律吕阐微》自序中写道："昔闻明神宗时，郑王世子朱载堉有乐律书，屡求不可得。乾隆丁丑年，……与同志旧友讲业于灵山（在西溪附近），乃入藏书之家读书。余读之则跃然惊喜。"朱载堉的《乐律全书》是江永渴望而未得见的书，在这里得以如愿，读后他深受启发，江永据此书修订了《律吕阐微》，收获很大。灵山，南距西溪十里，方氏族居之地，江永住在不疏园时，方家也请他去讲课，所以也可以读到方家的书。

江永的《算学》（原名《翼梅》）《乡党图考》《律吕阐微》和《古韵标准》四部著作，完成于住在不疏园期间。江永在不疏园里辛勤耕耘，博览群书，与诸子辨疑参互，订误求真。在中国经学史上，皖学（又称朴学、汉学）是清代经学研究的一个高峰。江永是皖派汉学的大师。江永桃李满天下，他的学生中有3人考中状元。

戴震虚龄30岁那年（1752）住在不疏园。这时他已经见世的著作有《六书论》《考工记图注》《尔雅文字考》《屈原赋注》。戴震是汪梧凤聘请来给他儿子讲课的。戴震住馆期间，正好江永在歙县讲学。戴震抓住这个机会，与汪梧凤一起拜江永为师，学习经书。戴震的学生、汪梧凤的儿子汪灼，在《四先生合传》中（四先生指戴震、汪肇龙、郑为龙、毕摧）写道：戴震住不疏园期间，汪灼与他住在一栋楼不同的房间。汪灼读书时有所想法，就来到戴震的房间里，师生谈论学问，轻松欢快，极为融洽。戴震天明即起读书，手中握着红笔作批注。戴震校勘的礼经，字里行间都是古文词，字迹工整，一丝不苟。这是汪灼关于戴震在不疏园治学的记载。

戴震住在不疏园的第二年（1753）完成了著作《诗补注》。接下来，戴震跟着江永研究的课题是《古韵标准》《诗韵举例》，他开始了音韵学的研究。同时他给汪灼讲授《说文解字》。

1761年，是戴震第二次住在不疏园，这次他与汪肇龙一起给汪梧凤的2个儿子（汪浑16岁，汪灼14岁）讲授参加科举考试的知识。第

屯溪隆阜戴震藏书楼

二年，戴震自己为参加乡试离开了不疏园。这次在不疏园里，戴震、汪肇龙、汪梧凤三人，给两个孩子教学之余，就是研究经书。他们师生开口闭口"子曰""诗云"，对于某个章句如有疑问，就在一起讨论。他们各自坚持己见，毫不相让。他们越辩论，思路越清晰，收获也越大。汪灼在《四先生合传》中说："先生名成于征聘，而学之成，源于两馆余家。"作为戴震学生的汪灼，文字中强调了戴震与不疏园的关系。客观地说，戴震的学术成就，与他住馆扬州，及入四库全书馆也有重要联系。但是汪灼巧妙地用字"源于两馆余家"，就像蜜蜂采蜜一样，戴震最早的成果出在不疏园。从1752年到1761年，戴震两次住馆于不疏园。在不疏园里，他把经书与秦汉之书读了很多，他析疑义，探讨制度，治学有了明确的路子。学者郑虎文说："传江氏之学者，首推戴震，其次是歙县汪肇龙、郑牧、程瑶田、汪梧凤、方矩、金榜等。江门七子的经学研究，除戴震外，程瑶田和金榜最为显著。"

戴震生于康乾盛世，当时考据学是学坛主流。戴震出于爱国激情和忧患意识，把义理学建构在经学基础上，把理论层面知识转化到政治层面来。他批判程朱理学、恢复儒家本来面目。他抱经世之才，提出以富民为本的治世观点。戴震拜师江永后，由崇信程朱理学，产生对程朱理学的怀疑，到对程朱理学展开批判，其论著中含有反传统、反权威，提倡个性自由、顺从民意的思想。他受顾炎武、江永、黄宗羲、颜元的影响，在文字、音韵、训诂领域，重名物考据，要求"明道""闻道"，与古贤圣的心志相通。他诠释儒家经典，发掘原典的"义理"，剥离宋儒附加在儒学经典上的诠释，还《六经》、孔孟、程朱的原貌，他的学术研究沿着"天道—人性—人道"的路径，探讨孟子的"尽心—知性—知天"的理论。

程瑶田（1725—1814），字易田，一字易畴，号让堂，安徽歙县人。他九次参加乡试，到1770年才中举人，当时他已经46岁了。程瑶田曾经在朝廷担任州学正、县教谕，1796年举为孝廉。他廉洁自持，钱大昕、王鸣盛曾经写诗称赞其人品。他师从江永，重考证，究义理。他的著作中义理、考据、辞章三者并重。经过考据，他在《禹贡三江考》中指出扬州"三江"，实只一江；他订正了郦道元《水经注》的错误；他订正了《仪礼丧服文足徵记》中的错误；他订正了郑玄注《礼》的错误。在文字训诂、天文历算方面，讲明道理，重视学以致用，符合时代特征，讲究研究方法。程瑶田是皖派汉学中的杰出学者。

程瑶田著有《通艺录》19种，《附录》7种，内容涉及义理、训诂、制度、名物、声律、象数等领域。程瑶田精通《仪礼》。其著述有《宗法小记》《禹贡三江考》《九穀考》《水地小记》《声律小记》《考工创物小记》《释草小记》《释虫小记》《琴音记》《让堂诗集》等。

程瑶田一生好学深思，勤奋不已，五更鸡叫起床，有时候房间的灯光通宵达旦。程瑶田治学刻苦执着，自称是以勤补拙。1752年，程瑶

<<< 不疏园里栖凤凰——汪梧凤

屯溪隆阜戴震纪念馆

田与戴震、金榜等人从学江永于不疏园。良好的学习条件，使其学业大进。程瑶田博学多能，著作等身。《通艺录》是他一生学术成果的总汇，也是皖派汉学中的一部重要著作。程瑶田丰富和发展了皖派汉学，是皖派汉学的主要成员。

金榜（1735—1801）徽州歙县岩寺人，字蕊中、辅之。1764年乾隆皇帝南巡时召试举人，授衔内阁中书、军机处行走。他于1772年中状元，授翰林院修撰，曾任山西省乡试、京都会试副主考官。其外祖父逝世，他服丧以后不再出山任职。

金榜是江门七子中年龄最小一个人。他的第一个老师鲍倚云（1708—1778），给他讲授应对科举考试的知识。鲍倚云诗《示及门金榜五首》称赞金榜。其第一首诗云：

笔走龙蛇满座惊，抑扬高下看分明。四周壁垒军无敌，一片宫商字有声。
辞足骋才须称意，兴来绝迹竟空行。妙年文领坡仙诀，气象峥嵘五色成。

金榜第二个老师是江永，1752年他与戴震、程瑶田共学于不疏园。金榜从师桐城刘大魁学习过古文，不疏园里金榜在江永的指导下学习六经。不疏园里的师友，一起读书，一起讨论，经江永、戴震的引导，给金榜打下了经学的坚实基础。金榜传世的著作是1794年刻印的《礼笺》，书的内容包括天文、地理、田赋、学校、郊庙、明堂、车、旗、服饰、器皿。金榜从礼的角度研究典章制度，丰富了江永与戴震领军的皖派汉学。

汪梧凤（1725—1772）是江门七子共学时的不疏园主人，又是学生，他对皖派汉学的发展起着组织和推动作用。

汪梧凤爱学习，成天坐在房子里读古人的书，与社会没有交往。汪梧凤说话结结巴巴，与同学们讨论问题，往往胡须眉毛一起颤动，咽塞不能出声，童仆见了，背过身去暗笑。但是他坚持辩论，非把问题弄清楚不可。汪梧凤在经学研究方面很有名气，他著有《诗学女为》26卷。他研究的范畴涉及律象、地理、人物、典制、音韵、鸟兽、草木、虫鱼。《诗学女为》是一部具有特色的皖派汉学著作。

汪梧凤的儿子汪灼（1748—1821），著有《渔村文集》《渔村诗集》。这两本书中的文章有《与刘海峰先生》《与方希昉老丈书》《与戴东原先生书》《四先生合传》等文,介绍了一些不疏园的读书生活。汪灼传世著作《诗经言志》《毛诗周韵诵法》《广韵母位转切》,显示出江永、戴震及其家学的影响。汪灼是皖派汉学的传人。

汪梧凤的弟弟汪漪(1730—1779)经营布业于兰溪,他每年拿出一笔经费维持不疏园的正常运行,支持兄长研究经学。

(三)汪宗沂

汪宗沂(1837—1906),又名恩沂,字仲伊,号咏村,晚号韬庐。他是不疏园的最后一个主人。汪宗沂在不疏园夜以继日阅读诗书,手批口诵。他于1880年中进士,一生没有做官。汪宗沂潜心研究诸子百家,重在经书。他博征群经,集合众说之长,在辑佚和注疏方面有很多成果。汪宗沂的著述有《周易学统》《尚书今古辑佚》《逸礼大义论》《声谱》《律谱》《礼乐一贯录》《孟子释义》《孝经十八章辑传》等。汪宗沂师承于刘文淇、方宗诚,有着良好的家学渊源,有较深的皖派汉学根基。汪宗沂是王茂荫的女婿。王茂荫曾将汪宗沂介绍给曾国藩,1876年汪宗沂拜翁同龢为师,后被曾国藩聘为忠义局编纂,又曾任李鸿章幕僚。汪宗沂曾主讲安庆敬敷书院、芜湖中江书院、徽州紫阳书院,曾经在家开经馆授徒,人称"江南大儒"。国画大师黄宾虹、清末翰林许承尧出其门下。汪宗沂回到西溪,在"不疏园"遗址南边建有"韬庐"。韬庐内建有抱冲亭、芙蓉池、梅坪、云起石、嘉雨轩、延年室等胜景。其中藕溪楼是藏书楼,辑易轩是汪宗沂研究、著述的场所。汪宗沂是皖派汉学的最后一位传人,西溪汪氏家族史上一个里程碑式的人物。

常来不疏园聚会的学者还有汪中、黄仲则、郑虎文、刘海峰等人。

不疏园的良好的学习环境，实际上是皖派汉学的培育基地，栖凤的梧桐。子曰："学而时习之，不亦说乎？""有朋自远方来，不亦乐乎？"众多学者来到不疏园，合志同方，慎静尚宽，知服博学，登达学术的新高地。不疏园是徽州故里以商育儒的典范。

参考文献

[1] 姚邦藻，等.汪世清谈徽州文化［M］.北京：当代中国出版社，2004.

[2] 梁启超.清代学术概论［M］.上海：上海古籍出版社，2011.

[3] 周晓光.清代徽州传统学术文化中心地类型分析［J］.安徽史学，2010（5）.

[4] 汪柏树.戴震与不疏园——从不疏园首席大弟子到四库全书首席经学大师［J］.黄山学院学报，2015，17（4）.

[5] 仇乃桐.江南大儒江宗沂［J］.黄山学院学报，2004（5）.

[6] 汪世清.不疏园与皖派汉学［J］.江淮论坛，1997（2）.

[7] 鲍义来.汪世清书简［C］.合肥：安徽省徽学学会，2009.

辅政济民利朝野——胡雪岩

封建商人官为梯　红利红顶红颜依
体制不顺大内耗　辅国利民亦敝屐

——梁之

封建时代商品经济不发达，没有保证商业正常运行的一套经济法。大商人一般是官商，或依靠官吏经商。他们赚取了大批的银子，甚至戴上了朝廷的红顶子，美女妖妾成群。他们中或有辅国利民心怀的商人，但是在当时体制的内耗中，最后他们成了牺牲品，胡雪岩就是一例。

胡光墉（1823—1885），字雪岩，安徽绩溪临溪镇胡里村人。胡雪岩从小亡父，家境不佳，读书不成，只得经商。胡雪岩经商有成，朝廷授予他二品官衔，头戴红顶，身穿黄马褂，名播四海。

胡雪岩读过两年私塾，文化不深。但是徽州是儒家文化浓郁的地方，儒家的道德伦理熏染着他，奠定了他的人生底色。

传说胡雪岩13岁放牛时，在凉亭里发现一个盛装金银财宝的包袱。胡雪岩把包袱藏到草丛里，坐在亭子里等待失主。当失主来寻找包袱时，胡雪岩认真地核实无误后，把那个包袱还给了他。失主非常感动，于是将胡雪岩推荐到杭州信和钱庄当学徒。

胡雪岩能吃苦耐劳，用心做好每一件事。他善于结交友人，借人之力，乘风而上。他以诚待天下，揽人心，取财有道。他知人善任，用人不疑，避短用长。他与人为善，有宽容心。他有谋有断，能分辨轻重缓急，进退适时。他心怀大志，灵活变通，左右逢源。胡雪岩一生大起大落，表现出他做人的智慧。他会做人，德才兼备，身体力行，为人仗义，理性地控制利欲，不取不义之财，不取招灾之财，待人宽厚。他有谋有断，善于运用各种策略，把事做大、做好，达到预定的目标。

胡雪岩所处的时代，政府腐败，外国的军事、文化与商业在中国的势力越来越强大。中国商人此时承担着重要的社会角色。五口通商后，官人、商人、洋人在不同程度上左右局势。胡雪岩以儒家文化为基点，结合官场、洋场以及情场做生意，使得他当时的地位十分显赫。

一　资助王有龄出仕

胡雪岩飞黄腾达，快速发迹的第一加速度的动力来自王有龄。

王有龄，字雪轩，福建侯官人。其父王燮，1818年乡试中得举人，中举后在云南曲靖、昆明、杭州任职。道光年间王燮给儿子王有龄捐了个候补盐运使官员。王燮病故的时候，王有龄尚小，及至王有龄成人，家贫无钱进京报到，昔日捐得的浙江盐运使，仅仅是一个资格证书，无法兑现。

王有龄无职无业，前途渺茫，不知路在何方，闷闷不乐。他成天泡在茶店里，喝茶，吃烧饼。信和钱庄的学徒胡雪岩，老板交给他的任务是回收钱庄的呆账、死账，这是金融业的工作难点。胡雪岩20岁左右，满面春风，善于公关，工作开展得非常出色。他经常出入于茶肆酒店招待客人。一次，胡雪岩在茶肆见到王有龄，一番交谈，胡雪岩认为王有龄才学不浅，将来是个有出息的人。慷慨大方的胡雪岩知道了王有龄的境遇后，毅然拿出500两银子送给他，让王有龄快速进京谋取一官半职，开创新生活。

胡雪岩的举动，没有任何前提约束与要求。世俗的人做好事，一般要试探一下受益人是否臣服于自己。如黄石公看到张良，欲授给他克敌制胜的《太公兵法》，故意把鞋子丢到桥下，试探张良是否愿意为他拾鞋。拾则施惠，不拾则罢。胡雪岩没有扣盘子，没有臣服别人的意图，500两银子就送出去了。王有龄拿到500两银子，心情无比激动。这是胡雪岩给王有龄竖起的社会生活的楼梯啊，在人生关键的时候，有这样的梯子，那就是前途、未来，对于这样的义举谁不感动呢。

清朝做官有两种途径，一是科举，二是捐款。科举是正途，但是科举需要有应试能力，需要多年的寒窗苦读。有的商人与官宦子弟，骄奢淫逸，不好好读书学习，又想保持家庭的社会地位，他们只好花钱在朝廷买一个官吏头衔装饰门面。人们只要花几千两银子捐个候补官吏的身份，就是"缙绅先生"，成为社会上有身份的人了。王有龄的父亲给儿子捐了个候补官吏的资格，他担心儿子不能中举，失去他王氏官宦人家的名声。

按照清朝吏部的规定，捐款得到了做官的资格证书后，还需要等到某地缺员了，吏部在众多具有资格证书的候补人员中选择适宜的补缺者。捐官人需要先到吏部报到，然后抽签分发某地候补。王有龄捐得盐运使头衔后，需要进京付费若干，然后在吏部改捐个正七品的知县。

王有龄拿了500两银子，乘船沿大运河北上，在旅途一个宾馆里，巧遇童年好友何桂清。王有龄的父亲王燮在昆明任职时，何桂清的父亲是衙门中一个职员。一天王燮听见门房里有人读书声朗朗，大为欣赏。一问原来是何桂清，王燮看他学习勤奋，于是吩咐何桂清跟大少爷王有龄一起念书。光阴似箭，何桂清与王有龄一别20年，想不到在旅途重逢！

王有龄对何桂清讲明了他此行的目的。何桂清说："你有什么困难，我定当鼎力相助。"

何桂清与浙江巡抚黄宗汉（字寿臣，福建晋江人），同为1835年进士。那一榜有三人做了巡抚（广东叶名琛、江西张芾、浙江巡抚黄宗汉），二品大员有何桂清、吕贤基、彭蕴章、罗惇衍，还有许乃钊内阁学士。

任浙江巡抚的黄宗汉贪得无厌，他上任第一天接见管钱粮的藩司（相当于现在的财政厅厅长）椿寿时，暗示椿寿送给他4万两银子的"红包"。椿寿没有及时奉上如数的银两，黄宗汉设计将椿寿逼死，这引起了社会的义愤。朝廷迫于舆论压力，令何桂清秘密调查黄宗汉逼死椿寿案。何桂清委托王有龄在当地找知情人，了解案子实情。王有龄遵命很快查清了事情的来龙去脉，写成报告禀报何桂清。何桂清回信，要求王有龄不必过于追究黄宗汉的罪责，要与黄宗汉搞好关系，尽早补缺为上。何桂清给黄宗汉写了举荐王有龄的信，希望黄宗汉尽快给王有龄安排职务。黄宗汉接到何桂清的举荐信后，对于如何安排王有龄一事悬而不决。王有龄问计于胡雪岩，胡雪岩说："官场腐败，黄宗汉酷贪，不打点送礼，你任职是无望的。"于是胡雪岩代王有龄向黄宗汉送去了2000两银子，黄宗汉见钱后即委任王有龄为海运局坐办，负责将浙江漕粮运到上海。胡雪岩说黄宗汉此举没安好心，因为水匪路霸太多，漕运十分困难。如果完不成漕运的任务，朝廷将拿王有龄治罪。胡雪岩想了个办法，用银票到上海直接买米交差。

胡雪岩打听到松江漕帮有十多万担大米要卖。胡雪岩前往松江与漕帮商议购买大米的事。通过一系列公关活动，漕帮祖师爷魏老派当家人尤五无条件帮助胡雪岩把粮运送到上海。

如若不是胡雪岩，王有龄就没有这一官半职；如若不是胡雪岩，王有龄一上任，就被黄宗汉拉到陷阱里。要知恩图报，于是王有龄乘轿来到胡雪岩原来就职的信和钱庄，钱庄老板把王有龄迎到客堂，王有龄拿出银子说："胡雪岩去年借了宝号500两银子，今天我来料理。"老板说："王大老爷幸临小号，十分荣幸，那点小钱，不必还。望王大老爷以后对本钱庄多多关照。"

原来王有龄上京改捐候补，胡雪岩送给他的500两银子，是私自从钱庄拿给他的，事前没有让钱庄老板知道。胡雪岩为钱庄收回了许多别人无法收到的呆账，老板很赏识他。但是私自将钱庄的银子拿出500两送人，这是店规所不允许的，老板不得不依章将胡雪岩辞退。王有龄吩咐人员备礼感谢胡雪岩。他盛情邀请胡雪岩到海运局任职。

胡雪岩

从此，每有要事，王有龄就问计于胡雪岩。在胡雪岩的筹划下，王有龄升任湖州知府，兼任海运局坐办，继而升任浙江巡抚。

嵇鹤龄是王有龄的属下，在湖州新城县任知县。嵇鹤龄的妻子亡故，6个未成年的儿女没人照料，胡雪岩觉得自己有责任给他安排一个家庭。胡雪岩劝说王有龄的太太，将她23岁的侍女瑞云介绍给嵇鹤龄。王太太有些疑虑，胡雪岩说："瑞云贤惠能干，嫁过去，眼前或许苦一点，将来一定享福。"瑞云过门以后，对嵇鹤龄几个孩子关心体贴，很会持家过日子，嵇鹤龄喜在心头。嵇鹤龄的圆满婚姻，解除了他的内忧，有效地加强了王有龄的力量。

1861年11月，太平军围困杭州。王有龄血书请曾国藩救援，无果。王有龄找来胡雪岩，要求他设法突围。王有龄请胡雪岩带2万两银票买2万担米以解城内粮荒。

受王巡抚委托，胡雪岩到上海买米。这是救命的事，十万火急。胡雪岩巧计突围，途中受了重伤。他不辞安危，买好粮食，雇用18条运粮船，100洋兵坐两条沙船保护（南洋雇佣军），12个官长（有南洋人、美国人与中国人），船自长江经崇明岛入海，到达杭州湾。

胡雪岩、萧家骥、李得隆、船老大李庆山、中国官员孔某坐在第一条船上。粮船的进退行止由这五人发号施令。海里行船，忌讳甚多。胡雪岩躺在铺位上心事重重，神情抑郁。粮未送到，他心里不安。

粮船沿钱塘江往西南方走，到了杭州，停泊在江心。

王有龄从抓获的奸细口中得知，钱塘江中停泊了十几号大船，满载粮食。他知道这是胡雪岩的粮船到了。王有龄与杭州将军瑞昌商量杀开一条血路，将江中的粮食运到城内。但是清军左冲右突，没有成功。胡雪岩派萧家骥化装进城与王有龄联系，萧家骥回来告诉胡雪岩，城里军民断粮多日，王有龄组织突围不能成功，已经殉难。

王有龄任职期间每有疑难，就与胡雪岩商量。胡雪岩是王有龄的知心好友，王有龄殉难，胡雪岩痛不欲生。王有龄的官场就是胡雪岩商场的发展空间。那时候官方没有银行，浙江省一切税收与开支的银两，都寄存在胡雪岩的钱庄里，这是胡雪岩财源滚滚而来的根本。胡雪岩积极辅助王有龄执政，当他的参谋。胡雪岩与王有龄的友谊是深厚的。

胡雪岩故居

二 为左宗棠办军粮、军火、军费

胡雪岩飞黄腾达，快速发迹的第二加速度的动力来自左宗棠。

1861年12月，左宗棠调任浙江巡抚，他的军队来到浙江，后勤供给困难，士兵战死、饿死的很多。钱粮短缺问题困扰着左宗棠，士兵的饷款已欠五个月没有发放。此时，胡雪岩雪中送炭，三天内筹齐2万石粮食、银子2万两送给左宗棠，左宗棠喜不自胜。胡雪岩为左宗棠往来于宁波、上海等通商口岸，经办粮食、军需物资。他请来外国军官为左宗棠训练使用洋枪、洋炮的常捷军。胡雪岩协助左宗棠创办了福州船政局，在甘肃创办了织呢总局，他帮助左宗棠引进西洋机器开凿泾河。总之，左宗棠的成功离不开胡雪岩。

(一) 2万担大米

左宗棠从安徽进入浙江时的头衔是钦命督办浙江军务，浙江巡抚，头品顶戴兵部尚书兼都察院右都御史闽浙总督部堂，赏戴花翎。

胡雪岩与左宗棠不认识，在等级森严的清廷里，胡雪岩没有资格去攀附左宗棠。但是王有龄交给他的任务没有交差，社会上传闻胡雪岩携带买粮的巨款逃走了。胡雪岩把粮船开到宁波，求见左宗棠。左宗棠本不打算接见胡雪岩，当听说胡雪岩带来2万担大米，精神振奋起来了。

胡雪岩见了左宗棠，行过礼以后，将如何运米到杭州钱塘江中，如何想办法打通粮道，如何望城三拜，痛哭流涕，后将这批米运到宁波。左宗棠见胡雪岩忧国忧民，于是说："你很有些知识啊！"胡雪岩答道："我没有读过许多书，不过我特别敬重读书人！"

胡雪岩哽咽着说："王大人临危托以重任，公款在身，米不办到，对不起王中丞在天之灵。这2万石米在城外，请左大人派员验收。"

有这2万石米，杭州百姓就得救了，浙江全境也可安然了，胡雪岩功德无量。左宗棠万分感激。

左宗棠留胡雪岩在巡抚衙门吃饭。吃饭时，左宗棠说到，当前杭州第一等要事是赈济治乱，拟设一善后局，着手赈济事宜，需要得力人选，于是委托胡雪岩担当善后局总办。

(二) 筹集军费

清朝晚期，朝廷内外交困，政治、经济、军事、文化全面疲软。咸丰末年，赛尚武丧师失律以后，为清廷服务的楚军、湘军、淮军、浙军、粤军，因国家发放不出军费，由各军自己筹集。左宗棠的湘军军费来自哪里？左宗棠对胡雪岩说："我带来了18000个兵，筹饷须留有余地，可按 23000 人计算。"胡雪岩掐指一算，饷银、伙食、枪支、弹药、马草、柴草等费，平均每个士兵每月五两银子，23000 人就是 115000 两银子，加上军中各级组织的管理费用，每个月在 15 万两银子左右。左宗棠要求浙江藩库在胡雪岩的钱庄借款，给他利息，保证军队供给。

左宗棠带兵西征，好几万军队打仗，全依靠胡雪岩的上海转运局接济粮款。左宗棠的军旅行资、粮草、马匹、炮车、士兵月饷，胡雪岩一一办妥，不用左宗棠操心。

左宗棠的西征军武器好、士气旺、纪律好，能够克敌制胜。这与左宗棠善于治军有关。左宗棠爱护部下，士兵心诚悦服，部下忠勇，这是战争得胜的精神因素；这也与胡雪岩有关。胡雪岩为左宗棠购买西式枪械，适时补给粮草，使左宗棠无不继之虞，这是战争得胜的物质条件。胡雪岩的钱庄通汇便利，他给左宗棠的将士恤死养生，接济官兵家属，不用左宗棠过问，这是战争得胜的经济条件。

1866 年，左宗棠由闽浙总督调任陕甘总督，奉命出关西征，当时筹集军费相当困难，左宗棠问计于胡雪岩，胡雪岩建议向外国银行借款。左宗棠奏请朝廷，得到许可。胡雪岩从 1866 年至 1878 年，为左宗棠在外国银行借过 4 次款。

胡雪岩在上海周旋，经办借洋款事务。上海汇丰银行帮办古应春，积极协助胡雪岩开展活动。胡雪岩向英国渣打银行借款。双方就利息、期限、偿还方式达成一致。胡雪岩为助左宗棠西征，向洋人借款累计金额为 1870 万两白银。

洋债的最大债主是英国汇丰银行与德国泰来银行。还款的方式为中国海关开出期票，苏、浙、粤、闽四省的督抚在期票盖上大印。借款数目，库平足色银 400 万两。1877 年胡雪岩经手向汇丰银行借款 500 万两，由浙、粤、江海、江汉四关出票，按期偿还。

在左宗棠西征欠缺粮饷的艰难时刻，胡雪岩负责筹借洋款，协助左宗棠收复新疆，胡雪岩立下了汗马功劳。

（三）马尾船厂

左宗棠告诉胡雪岩，他想造兵轮。胡雪岩说："这不是容易的事，建设一个造船厂，需要50万两银子基建费，一条兵轮得二三十万两银子成本费，造10条船，得200万~300万两银子。闽、浙、苏三省财力难以支持。"左宗棠把建造造船厂的任务交给了胡雪岩，任命他管理福建船政局。胡雪岩有韬略，熟悉洋务，又有与外国人打交道的经验，他主持造船厂工作非常认真。胡雪岩精心安排造船厂的材料配给、聘请技师、设计工厂图纸、监督管理事务，创建了全国第一个造船厂，培养了造船的技术人员，也培养了海军指战人员。1876年，左宗棠委托胡雪岩在兰州创建了机械局，发展机械与技术，在当时是具有战略眼光的。

胡雪岩与左宗棠的关系，超越了商家的界域，表现出一个杰出的参政理政的儒士风度。

三　商业经营多样化

胡雪岩善于多种经营，他经营的产业有蚕丝、军火、钱庄、典当、药店、地产等。

（一）蚕丝

杭州、湖州盛产蚕丝，桑蚕丝织品享誉海内外。胡雪岩经商的大本营在杭州，他经营生丝，占有地利。他不但在杭州、湖州、苏州经营生丝，还把生意做到了上海、海外。最后他想垄断生丝市场。

胡雪岩认为，中国的丝商必须联合起来与洋行竞争，控制生丝的市场，不受外国人的制约。尤五是漕运行业帮会的头目，在上海商界很有人脉，胡雪岩动员尤五与他一起说服上海生丝商人彼此合作，开拓市场。

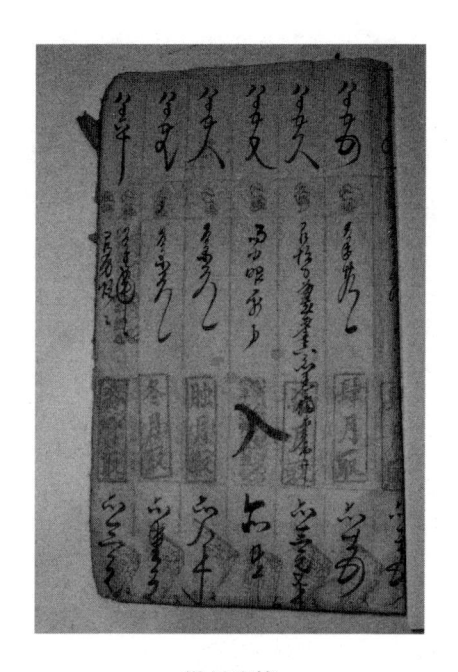

徽州账簿

胡雪岩一派儒商的风度，他考虑到中国商人的利益，江浙养蚕农民的利益，几百万人的生计。在金融危机的时刻，胡雪岩不愿把蚕丝跌价卖给洋人，他收购生丝，按照原价付款。他要求中国商人们齐心协力，便宜不落外方，宁可商家少赚几个，也要给老百姓留点好处。胡雪岩常说，有饭大家吃，吃饱，吃好。外商不照原议买我们的蚕丝，就让他们永远买不到中国的生丝！

机械缫丝效率很高，一部缫丝机抵得上30个人工，机器干活了，农民就没有活干了。钱给工厂主赚了，农民失业了。胡雪岩抵制机器生产，使得怡和与公和两家缫丝厂没有开工。

上海三家新式缫丝厂联合经营，购买外国的先进机器，聘请意大利人麦登斯为技师，派人下乡，预付价款，买下一年的新丝。怡和丝厂、法国宝昌丝厂、美商的旗昌丝厂、公和洋行的丝厂等丝织工厂联合起来，他们资金雄厚，购买力强。他们与胡雪岩在生丝市场的竞争到了短兵相接的程度。

胡雪岩为了控制生丝买卖，他始终拥有1万包生丝，价值300万两银子，垄断市场。怡和洋行派"二品大员"赫德与胡雪岩商谈，条件是：市价以外，另送佣金。胡雪岩不理他们，他要求浙江巡抚协作控制市场，设置内外不同的蚕丝税，使洋商收购生丝成本高，无利可图，关门大吉。

胡雪岩的得力朋友古应春说："现在不是天朝大国的日子，潮流改变了。机器缫丝，不断线，不起毛，色泽光亮，手工缫丝怎么敌得过它。"胡雪岩说："乡下人，蚕丝户，能保护他们一天，尽我一份心，真的不行了，问心无愧。"

1882年胡雪岩投入白银2000万两，与江浙生丝商人议定，势必夺回生丝经营的自主控制权。华商各自为战，生丝价格日跌，洋人控制了价格权，胡雪岩高价收购的几百万担生丝不能出手，资金呆滞，资金运行链条断裂。当年，意大利生丝丰收，加上中法战争爆发，市面剧变，金融危机爆发，胡雪岩无力应对。1883年夏天，胡雪岩被迫贱卖生丝，亏耗1000多万两银子，家资去半，风声四起，官僚竞相提款，11月各地商号倒闭，胡雪岩开始变卖家产。

胡雪岩的生丝产业维护中国商人的利益，维护中国蚕农的利益，与洋商展开针锋相对的竞争，最后失败于政界的内讧中。胡雪岩经商，忧国忧民，体现了儒家的风度。

（二）贩运军火

胡雪岩的好友尤五提出尽量调动现款，用赚得的钱贩卖军火，漕帮弟兄一起出力，大家混口饭吃。胡雪岩告诉尤五，他准备花1万两银子，买200支洋枪，由上海发运到杭州，请巡抚派人来接货，洋枪是浙江巡抚巴望不得的宝贝。

古应春会英语，他与洋商哈德逊交涉，告诉他胡雪岩想买枪的事。他说，中国军队需要洋枪，如果这笔生意做得好，将来生意会很大，眼光应该放远些。生意很快成交，哈德逊额外送一支新式"后膛七响"给胡雪岩。

胡雪岩回来后，给巡抚王有龄讲述了在上海购买洋枪的事。王有龄办团练正需要新式武器，对胡雪岩此举大加赞扬。

胡雪岩购买军火，即可获利，又深得巡抚的嘉许，名利双收。当时的来福枪"温者斯得"，射得远，命中率高，福科洋行在华代理销售。胡雪岩从福科洋行买进了500支交给左宗棠。左宗棠收到新枪后非常高兴，他立即送了一批给醇亲王，供神机营使用。左宗棠有个"小队"也用这种精良的新枪。之后，胡雪岩又买了2500支，交由左宗棠分发江南各营使用。这样大大提高了湘军的战斗力。

胡雪岩与上海商界以及洋行往来频繁，他掌握国内外最新动态信息。他在巡抚王有龄办团练、左宗棠西征的当口，及时采购新式武器，更新部队装备，提高了军队的战斗力。胡雪岩辅助左宗棠西征有功，朝廷授予他江西候补道，赐穿黄马褂，头戴红顶帽。

左宗棠调任陕甘总督后，胡雪岩主持上海采运局局务。

（三）钱庄

胡雪岩从小在钱庄学徒，以后他自己开办了阜康钱庄。阜康即

"世道平治，民阜物康"的意思。胡雪岩善于调度资金，能把资金盘活。在王有龄从政以后，胡雪岩的阜康钱庄代理了湖州府库、乌程县库，做政府资金汇划往来的联号。阜康钱庄运营半年，胡雪岩手里的银子达到50万两。他在杭州、湖州、上海的生意十分顺手。胡雪岩善于用人，刘庆生、古应春、郁四、尤五、陈世龙，都是他的好帮手。

刘庆生经营钱庄独当一面，成绩显著。刘庆生经营钱庄有个很好的案例。在他负责钱庄的账簿上有张得标、李德胜、王占魁、赵虎臣等人的名字，他们存银几百到上万两不等，名下注着"长期无息"四个字。还有一笔账写着："8月25日付罗尚德名下本银11000两。免息。""客户存款怎么不给利息呢？"胡雪岩发问。原来事情是这样的：8月25日那天，有两个军官来到阜康钱庄，查问罗尚德是否有一笔款子存在这里？罗尚德已经阵亡，他们希望能将这笔款子提出来寄回他在四川的亲属。罗尚德的存折在刘庆生手里，刘庆生完全可以否认其事，私下占有这笔存款。刘庆生没有这么做。他告诉来人，罗尚德确有一笔款存在阜康，当即欲取出存折，兑现银两。可是单凭两个陌生人的言辞就付款，不太妥当。刘庆生知道罗尚德跟抚台衙门的刘二爷是朋友，如果刘二爷及营官出面，出条子证明罗尚德真的阵亡，阜康可以立刻付银。两个军官找到刘二爷，出具了证明，刘庆生立即捧出11000两银子，算上利息，连本带利给了他们。但是，罗尚德存款时坚持不要利息，所以账面注"免息"二字。

刘庆生此举产生了良好的社会效应，阜康钱庄信誉广为人知。良好的信誉比做任何广告都好，阜康的牌子一下子打响了。这样一来，很多官人，如张得标、李德胜都上门来了。胡雪岩非常满意刘庆生经营钱庄的韬略。刘庆生谦虚地说："这是从胡先生那里学来的，做生意诚实不欺，一颗心方可安定。"

刘庆生帮胡雪岩做钱庄,一讲信用,二讲手续。客户款子交到钱庄,钱庄为客户立折子,利息多寡,期限长短,依规而行。为招揽客户,胡雪岩主动给官太太、公子、小姐送存折,每个折子银子12两,受者大为欢喜。社会上舆论认为,阜康钱庄有官吏支撑,安全可靠。人们争相存款入阜康,杭州有人为存500两银子入阜康钱庄,排队3天3夜。清廷王侯、尚书存款入在北京的阜康钱庄。胡雪岩的钱庄发展很快,杭州、苏州、镇江、福州、北京等城市都设有阜康钱庄营业点。

古应春是英国汇丰银行的买办,华籍职员的头头,他名义上管理账目及杂务,实际上负责中国业务的处理。通过古应春,胡雪岩逐渐熟悉了上海的10家外国银行:阿加剌银行、利商银行、汇泉银行、麦加利银行、汇隆银行、法兰西银行、汇丰银行等。

胡雪岩知道麦加利银行是英国开的,专为英国人在印度、澳洲、中国经商服务,为他们开展存款、贷款与汇兑业务。胡雪岩摸清了外国银行的规矩和外国人的脾气后,积极与他们打交道。

左宗棠西征难以筹集军费。胡雪岩以阜康钱庄的身份,与洋人麦林在德国总会商谈借款一事。借款总数120万两,月息8厘。由胡雪岩、古应春介绍华商向汇丰银行存款,月息明盘4厘、暗盘6厘。胡雪岩此次借款票据,由各海关出印票,各省督抚加印,债主到期向各海关兑取。明盘4厘,暗盘6厘,2厘佣金是中间人洋商、胡雪岩、古应春所得的好处;在筹借军费贷款时,胡雪岩浮报利率,利用实付与应付利息间的差额,私自拿"回扣"。胡雪岩没有逃脱封建官吏及商人以权谋私的旧习,这是他走向失败的根源。

胡雪岩的阜康钱庄,保护存款人的隐私,存款安全可靠,信誉很好。因此,清朝军政官吏把贪污、侵吞来的钱悉数存在胡雪岩的钱庄,贵重物品放入胡雪岩的典当铺中。有王有龄与左宗棠的关系,胡雪岩的钱庄就是他们治下的官方银行。胡雪岩以官方资金放贷，无须付给官方利息，赢利颇丰。短短几年，胡雪岩的钱庄遍布全国经济发达的城市。1872年，胡雪岩拥有家产：白银2000多万两，良田10000多亩，钱庄、典当、茶叶、生丝经营点几十个。

（四）典当

与胡雪岩一起在上海经营蚕丝的庞二爷有一个伙计叫朱福年。一次朱福年说，他的三叔是典当行的朝奉。朱福年谈了典当经营中的行规和弊端，接着说，一个人未入典当，不知道得失所在。360行生意中，最舒服的一行是典当。典当经营者工资优厚，工作轻松。干过这一行的人，其他行当就看得淡了！

于是胡雪岩想开几家典当店，他要朱福年担当典当大任，但是朱福年是庞二爷的人。行内人知道，朱福年负责管理庞二爷的一个蚕丝门市，他背着庞二爷，动用店里的银子，私下开自己的商店。人虽然能干，但不稳当。人无完人，金无足赤。胡雪岩决定请朱福年来帮他开当铺，他想方设法挖来了懂得典当经营的朱福年。

庞二爷是丝业世家，生意在行，与他联营，前途可观。胡雪岩嘱咐刘不才，拉拢庞二爷，派他去打麻将，通过赌博送钱，强化两家的交情。

胡雪岩的当铺经营得火红，他在杭州有公济、广顺、拱宸桥、运河起点、泰安等商号，在浙江的杭州、湖州、嘉兴、海宁、金华、衢州设有商号，加上江苏的苏州、镇江，湖北、湖南的商号，他一共开了23家当铺。

当铺的资本称为"架本"，架本以千文为计算单位，1万两银子称为1万千文。一个典当商号的架本，在5万千文至20万千文，若平均以10万计算，胡雪岩23家典当的架本是2300万两银子。如果以"架货"折价，数字就更大了。

若以架本总共450万两银子计算，月息1分，1个月利息就是45000银子。一年就是54万两银子。事实上每年年底结总账，胡雪岩典当盈余从未超过20万，那么还有30多万两银子哪里去了？伙计吞掉了？

胡雪岩将公济典的总管唐子韶约来，与他谈典当管理的事。他准备把23家典当的总管来一次大调动，趁机作一次大清查。他决定从第二年起，每个商号全做新账，界限分明，便于清查。胡雪岩知道公济典经常搞调包的伎俩，紫貂换紫羔，纺绸换竹衣，从中取利。

胡雪岩对唐子韶不薄。徽州朝奉到外地做生意，不带家眷。胡雪岩怕唐子韶寂寞，3年前送了个名叫月如的丫头给他做姨太太，唐子韶竟然如此作为。

典当铺分工明确，如管总、管包、管钱、管账，柜台的职务为朝奉。"首柜"坐在迎门柜台最左方，珍贵物品送上柜台，经首柜鉴定估价。工人写票、清票、卷包、挂牌，这些工作多是学徒做。当铺员工每月除了薪水，还有"存箱"费，即客户的贵重衣服加意保管，加收当本1%的酬劳费。客户当的货不能如期提走就卖掉，工作人员按照售款的6%提取报酬，称为"使用"费；客户典当物品如果到期不取，超过期限5天，客户要付两个月的利息。其中一个月的利息归工作人员所有，称为"公抽"。另外还有"当厘"与"赎厘"的收入。"当厘"是当本的1‰，"赎厘"是赎本的3‰，如某月当本支出10万两银子，赎本收回5万两银子，员工所得"当厘"费为100两银子，"赎厘"费为150两银子。这些岗位津贴每月按照职务不同分级分配。唐子韶是总管，每个月可以拿到50~100两银子，日子过得十分宽裕。唐子韶不以此为足，反而假公济私。

施蓉斋是湖州德清公顺典商号的总管，人极其能干，他经营的公顺典，每年盈余居首。他将一个在23家典当中排列第五六名的商号，壮大成营业额最大的一家，架本资金达30多万千文。

胡雪岩清楚地了解各个典当商号总管的业绩、失误与德行，他没有开除任何一个典当商号的总管，而是把他们按照一定的规则调换地点，让各个总管去思考自己的问题所在，激发他们工作的热情。

（五）胡庆余堂药店

刘不才管理胡庆余堂药店。刘不才家原来开有一家"刘敬德堂"药店，生意不错。刘不才认为药灵，销路好，获得的利润就多；药不灵，没人要，药店就关门。好药，薄利多销，生意就好。如果高价，客户不上门，药好也无用。刘不才祖传的"狗皮膏药""诸葛行军散"，方子独特，效用如神。

胡庆余堂药店（胡庆余堂中药博物馆大门）

1874年，胡雪岩在杭州吴山大井巷开药店，店名"胡庆余堂雪记药号"。1875年，太平天国战争后，疫病流行，死亡率剧增，胡雪岩出于济世救人的意愿，邀请江浙名医研制出"胡氏辟瘟丹""诸葛行军散""八宝红灵丹"等药品，赠给曾国藩、左宗棠等部及灾区民众。"虎骨木瓜烧"是胡庆余堂所产驰名南北的药酒。胡庆余堂雪记药号，以"刘敬德堂"药店收集的南宋惠民和剂局的古方，选配出丸、散、丹、膏、胶、露、油、酒等验方400余个，编印《胡庆余堂精品药目》，精制便于携带和服用的药，为胡雪岩赢得了巨额的利润。

左宗棠的西征将士深入西部沙漠地区，水土不服，他寄信到上海转运局，要胡雪岩采办药品。胡雪岩请陕甘总督衙门发下免税公文，让他的人到生药集散地安国县采办药材。他的药店生产的辟瘟丹、诸葛行军散，不仅为军伍使用，还免费让老百姓索取。

胡庆余堂药店店堂里高悬"戒欺""真不二价"字匾，告诫员工：药业关系性命，不可大意，采办务真，修制务精。其药材直接到产地采购，当归、党参、黄芪采自秦陇，麝香、贝母、川莲采自云贵，红花采自西藏，人参、虎骨采自东北。

生产避瘟丹，工人每天必须洗澡；生产龙虎丸，门窗紧闭，外人不得入内，防止药物失真。制作金鹿丸，自养梅花鹿，宰杀前，举行祭礼。健美男女抬着活鹿，声乐齐奏，穿行于闹市。

该店生产的镇惊通窍急救药"局方紫雪丹"（《太平惠民和剂局方》简称《局方》），不宜用铜铁锅熬药，为保药效，胡雪岩铸成一套金铲银锅，专门制作紫雪丹。金铲重133克，银锅重1835克。此套设备现在列为国家一级文物，为中华药业国宝。经胡雪岩多年经营，1880年胡庆余堂药业资本达到280万两银子。

胡雪岩以诚信经营药业，体现了儒家的道德精神。

徽州儒商 >>>

胡雪岩和胡庆余堂药店照片

(六) 地产

胡雪岩搞多种经营，任何一行，看准了，立即经营。太平天国以后，上海的商业、海运、金融业发展很快，但是城市规模不大。胡雪岩看到上海的发展前景，看到上海地皮的升值空间很大。他在生丝脱手后，把钱用于购买上海租界上的地皮，买人们看不上眼的荒地、芦苇塘。他说地皮不受炮火的影响，战争时期，租界是安全的，逃难到租界的人多，地皮生意也会兴旺起来。五口通商的城市中，上海码头最热闹，现在人们没有注意到租界地皮的价值，把它买下来，将来会发大财的。胡雪岩的二夫人翠环很会办事，她去买地皮，一天工夫就能把一切手续办好。在当时，胡雪岩能敏锐地看好地皮产业，经营地皮产业，这是很有战略眼光的。

四　公益事业

杭州被太平天国军队长期包围，巡抚王有龄殉职。城里军民饿死无数，灾疫严重，人们衣食无着。胡雪岩开办施粥厂47处，每处每日辰时、申时发放2次，每处每次煮米1石。他每天投入94石米煮粥，以解众人之饥。

胡雪岩管理赈抚局事务时，建设育婴堂与义务学校，修复名寺古刹，收检暴骸。他动员官绅大户捐款，参与赈灾抚恤。1871年，陕西水灾，胡雪岩捐棉衣15000件，白银10000两。1872年，胡雪岩给左宗棠后路粮台捐棉衣20000件，棉裤8000条。1877年，陕西旱灾，胡雪岩捐银50000两。胡雪岩在杭州钱塘江为百姓开义渡，方便钱塘江两岸民众的交往。1878年，胡雪岩向各地捐赠赈灾款达到20万两银子。1881年，胡雪岩、姚羲等人捐款重建上海静安寺。胡雪岩2次赴日本，高价购回中国流失在日本的文物，如从日本购回的7座中国古铜钟。

胡雪岩的家产被朝廷查封以后，坚持捐款开粥厂。他说，隆冬时节，穷人吃饭的问题片刻不能延误，即使典了房子，也要开粥厂。他让太太翠环搜检各房姨太太的私房珠宝、金银，凑出1万两银子，开粥厂。

胡雪岩是商人，他的心中，始终信守着儒家的"仁""义"二字。

五　胡雪岩不转移财产

1872年5月，俄国见我国新疆暴乱，乘机出兵伊犁。1874年3月，日本借口琉球难民事件，入侵台湾。陆防、海防相继告警，陆防与海防孰为先，朝臣争论不休，左宗棠与李鸿章各持己见。政界的纷争影响到商界。

1883年11月，在垄断生丝与洋行竞争的关键当口，上海钱庄出现了挤兑风潮，古应春帮胡雪岩凑了二三十万两银子，应付上海的风潮；周少棠将外款24000两银子替胡雪岩补亏空。但是无济于事。直隶候补道上海招商局盛宣怀封锁信息，上海海关邵友谦的卡压，使得胡雪岩垮台。

此时有人状告协办大学士刑部尚书文煜的70多万两银子存在阜康钱庄。朝廷下旨，阜康钱庄面临倒闭，着顺天府查明文煜的钱从何而来，据实参处。

北洋大臣李鸿章密电浙江巡抚刘秉璋，直隶水灾赈款60万两银子存在阜康钱庄，请刘秉璋查封胡雪岩的典当业，抵交公款。刘秉璋要浙江分管财政的德馨清查胡雪岩典当商号。胡雪岩将6本账簿交给官员德馨。第1本是阜康钱庄及各地钱庄分号的总账，以及各钱庄开出的银票副本；第2本是23家当铺的员工及架本数目清账；第3本是胡雪岩拥有田地11000亩的地块细账；第4本是蚕丝存货数量地点的清册；第5本是杂项财产，包括胡庆余堂药店在内的账目；第6本是私人财产清单；第7本是钱庄存款户名册。

胡雪岩自知回天无力，他希望把所有财产变卖了抵账。如果能够留下自家人住的房子，有几百亩田，过上安然稳定的生活，就心满意足了。

德馨与胡雪岩关系不错，他告诉胡雪岩，事已通天，朝廷不会就此了事，让胡雪岩得有一个打算。果然，朝廷第2个电报说："阜康钱庄倒闭，亏欠公款多项，数量甚大。现革去钱庄主人、江西候补道胡雪岩的职务，交左宗棠审查，清理胡雪岩在各地的公私款。如果胡雪岩的财产不能抵偿债务，从重治罪。将他23处典当，数百万两银子的蚕丝，以及家产查封上报。"

胡雪岩收藏有许多名人字画，字画是可以不上交的。可是他将画箱钥匙交到公差手里。这些字画是胡雪岩买来的，或别人赠送的，分装在8个樟木箱里，画箱依照千字文"天地玄黄，宇宙洪荒"编号。在第1个画箱里有"庆余堂胡氏书画碑帖目录"。目录分为书法、名画、墨拓三大类，每类按朝代细分。书法类下第1件是"西晋陆机平复帖卷纸本"。平复帖，羊脂白玉卷轴，珊瑚插签，绢签上有宋徽宗御题，下钤双龙玺；另一签题"晋平原内史吴郡陆士衡书"，董其昌草书跋语："右军以前，元常以后，唯存此数行，为希代宝。"目录中的"苏氏十二帖"系苏老泉儿孙的12封信。

目录给每件文物前标有记号，单圈表示假货，双圈表示真假难辨（如宋人临仿唐画），真迹标一朵小梅花，有梅花的文物占目录的五分之一。

胡雪岩的侍从要求把凡有梅花印记的字画拿去，暂时代胡雪岩保管。胡雪岩认为这是私下藏匿资财，有失光明磊落。胡雪岩送给侍从4件珍品："苏氏十二帖""宋徽宗瘦金体书千字文"，董源的《风雨出蛰龙图》，赵孟頫的《竹林七贤图》手卷。

胡雪岩安排完妻妾以后，经检查，诸房妻妾房子里的现银、金条、珠宝价值不下三四十万两银子，侍从问胡雪岩这笔款子如何处置？胡雪岩说："现在已经不是我作主了。"这些的珍宝，有的来历不凡。其中1个枕头装有各色宝石40多枚。这枕宝石价值10多万两银子。太太翠环有一枚30多克拉重的火油钻镯，周围镶12粒小钻，每粒2克拉重，它是法国宫廷珍品，这是胡雪岩花25万两银子买来的。10枚"东珠"，产于黑龙江与松花江的江河中，价钱无从知晓。

1885年11月12日，朝廷决定将胡雪岩押解到京，圣旨尚未到达，胡雪岩于12月3日离世了。胡雪岩患痢疾而终，终年63岁。一代商界英杰完成了他一生的旅程。

六　结论

胡雪岩所处的时代，是一个变幻莫测的时代。国际国内的政治力量，都在分化、改组、变化中。清朝政府摇摇欲坠，帝国主义强力介入。西方势力不同程度地控制了国内的政治与经济。

胡雪岩的商务与政界捆绑在一起，而且是直接依附于某某官吏的，而不是依据经济法经商，商人不能自立，商业不能自立，风雨飘摇。

胡雪岩机敏，有眼力，有胆识，深谋远虑，不谋近利，善于用人，有徽骆驼精神。在复杂的环境中，他能得心应手，表现出一个商人的杰出才能。但是李鸿章与左宗棠的政治斗争，使得胡雪岩在劫难逃。李鸿章在商界的代理人是盛宣怀，指使上海道台不按时转交税金，制造金融链断裂，迫使胡雪岩的钱庄一个接一个地倒闭。

胡雪岩与徽州盐商不同，他的各种产业是自己开创的，自己直接负责管理的。他没有从事文化活动。但是他积极参政，辅政抚民。他虽是商人，但在管理活动中，处处体现了儒家素质与儒商精神，他的经商之道，特别是忧国忧民的意识，值得今人借鉴。

参考文献

［1］刘方华. 胡雪岩韬略［M］. 长春：吉林大学出版社，2009.

［2］韩正红. 胡雪岩：封建末世的投资圣手［M］. 北京：中国社会出版社，2010.

［3］高文恩. 胡雪岩传［M］. 北京：北京联合出版公司，2013.

［4］金泽灿. 胡雪岩全传［M］. 呼伦贝尔：内蒙古文化出版社，2013.

［5］邓兴友. 胡雪岩商道宝典［M］. 北京：现代出版社，2013.

［6］谭晓明. 胡雪岩经商十二条戒律［M］. 北京：中国华侨出版社，2013.

［7］秦楚. 胡雪岩谋略大典［M］. 北京：外文出版社，2013.

［8］王志刚. 人脉高手胡雪岩［M］. 南京：江苏文艺出版社，2013.

［9］曾仕强. 胡雪岩现象——曾仕强说中国式经营［M］. 北京：中国工人出版社，2013.

［10］文彦. 红顶商人胡雪岩［M］. 北京：中国华侨出版社，2013.

［11］张晓珉. 胡雪岩经商的智慧［M］. 北京：中国工人出版社，2013.

［12］刘广云. 跟胡雪岩学经商智慧［M］. 北京：中国城市出版社，2013.

［13］高阳. 红顶商人胡雪岩［M］. 南京：江苏文艺出版社，2012.

［14］白君.胡雪岩经营课［M］.北京：华夏出版社，2014.

［15］林学武.胡雪岩全传［M］.武汉：华中科技大学出版社，2014.

［16］张立伟.［左手］曾国藩　［右手］胡雪岩［M］.长春：北方妇女儿童出版社，2014.

［17］墨香满楼.胡雪岩那些事儿［M］.北京：中国城市出版社，2014.

［18］高轶飞.参透胡雪岩［M］.沈阳：沈阳出版社，2015.

［19］陈蝶仙.胡雪岩外传［M］.北京：中国戏剧出版社，2015.

［20］薛家柱.胡雪岩［M］.杭州：杭州出版社，2015.

［21］方言.胡雪岩：做天下人的生意［M］.北京：华文出版社，2016.

［22］二月河，薛家柱.胡雪岩［M］.武汉：长江文艺出版社，2016.

［23］王海懿.红顶徽商胡雪岩［M］.合肥：安徽文艺出版社，2015.

［24］姜正成.红顶商人胡雪岩［M］.北京：中国财富出版社，2015.

［25］胡成业.红顶巨贾胡雪岩［C］.合肥：绩溪徽州学研究会，1996.

后 记

我于1993年发表了第一篇研究徽州文化的文章，以后我就开始了徽州文化的研究。1995年，安徽大学成立了徽学研究中心，后来徽学中心成为教育部人文社会科学重点研究基地。我作为一名徽州文化研究者，安徽大学徽学研究中心兼职研究员，发表了一些研究成果，如：

序号	成果	地址	年份
1	中国藏书文化（注内含徽州文化）	中国财政经济出版社	2002年
2	Book Collecting in Chinese Culture	Paths International Ltd	2014y
3	徽州儒商	安徽师范大学出版社	2017年
4	徽州管理（1121—1911）	光明日报出版社	2019年
5	徽商与扬州文化	扬州师院学报	1993年
6	《客商规略》考评	文献	1994年
7	藏书与徽州文化	河南图书馆学刊	2000年
8	十大商帮与藏书文化	黄山高等学校学报	2001年

续表

序号	成果	地址	年份
9	村落文化大型组诗	黄山高等学校学报	2002年
10	藏书与经济的发展	安徽大学学报	2007年
11	藏书文化与诸种文化的关系	中国藏书文化研究宁波出版社	2003年
12	徽州朝奉考	安徽大学学报	2004年
13	宗法制下的徽州知识经济	中国经济评论（美国）	2005年
14	藏书的士风与民风	文化中国（加拿大）	1997年
15	长塘鲍氏藏书世家	江淮文史	2005年
16	珍贵的徽商经营档案-咸丰年间经商账簿	大学图情学刊	2008年
17	徽州祠堂与终极伦理	网络财富	2009年
18	本源上帝及其指代之异化	网络财富	2009年
19	民间文献之邦-徽州	信息社会与多元化 云南国际学术研讨会	2009年
20	徽商公共关系的特色	经济研究导刊	2010年

有人问我，徽州文化值得今人传承的精华是什么？我说，有两点。一是徽州人在严格的宗法制下发展了商品经济；二是徽州人在崇山峻岭中建设了书香社会。

徽州的宗法制是完善的，严格的。徽州人聚族而居，祠堂林立。徽州的祠堂与西方的教堂一样，它确立了终极伦理。社会如果发生动乱，而祠堂不乱，基本道德不乱，这可能是徽州有所作为的前提，或是儒商的根本吧。

宗法制倡导自然经济，以耕读为本，工商为末。经营工业、商业与技术科学，不为人们所尊重。徽州地处山区，耕地少，厮守耕读，难以生存，于是四海经商，无徽不成镇。

徽州人土地很少，依靠经商拓展空间求生存，但是他们心中时刻不忘自己的祠堂，不忘自己的祖坟，不忘报效故里。身在外，依然牢记家规、家教、家训。

文化是社会化生活的基本条件，没有文化寸步难行。他们刻苦读书，努力学习。他们的行为目标是，光宗耀祖，科举及第，从士农工商的低层爬到高层，成为人们敬仰的"士"。

本书描述了十个儒商：郑侠如、马曰琯、鲍廷博、汪启淑、胡正言、程梦星、程晋芳、江春、汪梧凤、胡雪岩。他们既是商人，又是学士，或官士。他们既发展了商品经济，又为社会文化、家乡文化做出了贡献。十个人中，各自的商、儒含量不一。鲍廷博、马曰琯、郑侠如、程晋芳等经商不足，游学有余。胡雪岩是唯一的与学士无缘的人，其他儒商常在官场、商场、学场间奔走，而胡雪岩则主要在官场与商场间奔走。胡雪岩仍然是儒商，他遵从儒家伦理，辅政，恤民，尊重读书人，爱护人才，扶持人才，效忠朝廷。商儒二兼的徽商，他们以天下为己任，广纳文士，以自家园林为基地，收藏图书、名画、金石、印章、彝鼎，让名士住馆、游馆、读书、赏画、吟诗、著述、看戏、聊天、赏景。为来往客人提供衣食住宿与文化、娱乐环境。如果学者经济困难，儒商为他们提供银两；如果学者没有家庭，儒商给他们相亲成家；如果学者身体有病，儒商为他们寻求良医。儒商以扬州为中心，开展文化活动，形成了一个扬州文化的群体，创造文化的群体，互相关爱的人文群体，铁肩担道义的侠义群体。学者们讲做人、情操、风骨，内涵民主、人权、平等意识。他们生活于人间，超脱于尘世。他们经营商业，心系文化，形成了培育创新文化的基地，这成为历史上的一个亮点。

本书写了十大徽商，实际上是九个家族，十个人。其实何止十人呢！马曰琯与其弟马曰璐是分不开的，郑侠如代表了其家族中的数人，江春、汪梧凤都是家族诸多儒商的代表。而这九个家族又是徽州众多儒商中的代表。

徽州儒商是一定历史环境下的社会群体。徽州人聚族而居，实行宗法制管理，制定严格的家训、家规，重视家风建设。徽州徽商遵循礼制，尊老爱幼，温文尔雅，和平礼让，不唯利是图，穷则独善其身，达则兼济天下，修身、齐家、平天下。他们儒雅，被称作"儒商"。他们遵循朱熹《家礼》，传承程朱理学的思想，以"仁""义"为根本，把"诚""敬"二字贯穿于言行中，发展商品经济，建设书香社会。徽商造就了宗法特色的徽州文化，也造就了官商互惠的扬州文化。如同一幅画，儒文化是内在的底色，商业经营是外显的形象，令人回味无穷。

本书为了便于阅读，注重学术性、文化性、资料性、通俗性兼顾。本书采用散文体，朝代年号用公元纪年。本版图书的插图，多数由歙县博物馆王红春博士提供，在此，我表示衷心地感谢！

本书第1版由安徽师范大学出版社于2019年出版。第2版在第1版的基础上内容有所补充，文字上进行了再加工，改动之处很多，努力使本书走向完善。尚有不足之处请读者指出，以期寻机再作改进。

安徽省徽学研究会会长王世华对此书的出版非常关心。安徽大学管理学院领导对本书第 2 版的出版给予了大力支持，我在此表示衷心的感谢！

为中国传统文化，我仅做一点努力。望诸位读者，不吝赐教！

桑良至

2021 年 10 月 28 日于合肥翡翠湖畔